카디쉬

'그대가 갈망하는 것과 하나 되고자 한다면
죽어야 하리라'[1]

천국에 있는 피터 오를로프스키에게[2]
이 시를 바친다

'내 입술을 네 귀로 음미해줘'

카디쉬

KADDISH
            AND OTHER POEMS 1958-1960

앨런 긴즈버그
손혜숙 옮김·해제

문앨

나오미와 앨런, 1935년.

긴즈버그 가족. 왼쪽부터 외할아버지 멘델 리버그랜트, 형 유진, 앨런, 어머니 나오미, 아버지 루이스 긴즈버그, 1936년.

뉴욕 세계박람회에서의 나오미, 앨런, 루이스, 1940년.

나오미, 1930년경.

나오미가 그린 앨런 긴즈버그의 초상화, 1947년.

일러두기
- 이 시집은 *Kaddish and Other Poems 1958-1960* (City Lights Books, 2010)을 번역한 것이다.
- 이 책의 영어 외래어표기는 국립국어원의 외래어표기법에 근거하지 않고 실제 발음을 고려해 표기하였으며(앨런 포 → 앨런 포우, 트래펄가 → 트라팔가, 타임스 → 타임즈 등), 이 책의 제목이자 정통 유대교 기도를 의미하는 Kaddish 또한 히브리어 원음에 가깝게 '카디쉬'로 표기하였다.
- 이 책의 면지에 활용된 글은 긴즈버그의 「카디쉬」 친필 원고이다.
- 이 시집의 대표 시 「카디쉬」의 창작 배경을 밝혀주는 시인의 에세이를 시집 말미에 수록했다. 이 에세이는 초판 발행 뒤 작성된 것이다.
- 주는 옮긴이의 주로, 모두 책 끝에 모았다.

차례

카디쉬 13

시 로켓 58

유럽! 유럽! 63

린지에게 68

메시지 69

로즈 고모에게 71

아폴리네르의 무덤에서 74

진짜 사자 81

이그누 85

반 고흐 귀에 죽음을 92

웃음 가스 99

메스컬린 121

리세르그산 126

마법의 성가 134

응답 139

끝 142

「카디쉬」는 어떻게 탄생하였나 145

주석 150
앨런 긴즈버그 연보 183
옮긴이 작품 해설 187
옮긴이의 말 198

카디쉬[1]
Kaddish

나오미 긴즈버그(1894-1956)를 위하여

I

이제 당신을 생각하는 것이 이상해요, 코르셋도 눈도 없이 사라진 당신을, 햇빛 가득한 그리니치 빌리지[2] 보도를 걷고 있는데 말이죠.

맨해튼 시내, 맑은 겨울의 정오였어요, 난 밤새도록 깨어 있었죠, 이야기하고, 이야기하고, 소리 내어 카디쉬 읽고, 눈먼 레이 찰스가 블루스 지르는 걸 축음기로 듣고 있었죠[3]

그 리듬, 그 리듬— 삼 년이 지나도 당신 기억이 머릿속에 남아 있어요— 그리고 아도나이스가 승리한 마지막 연을 소리 내어 읽으며[4]— 우리가 어떻게 고통받는지 깨닫고선 눈물 흘렸어요—

그리고 죽음이 어떻게 모든 가수가 꿈꾸고, 노래하고, 기억하는 치료제이자, 히브리 찬송가나 불교 경전에 나타나는 예언인지를 깨달았죠— 그리고 새벽녘— 시들어버린 잎새를 떠올리고선—

삶을 되돌아보며 상상했어요, 종말을 향해 긴박하게 달려가던 당신의 시간— 그리고 나의 시간을,

최후의 순간— 그날 타오르는 꽃— 그리고 그 후에 오는 것을요,

미국의 도시를 처음 보았던 그 마음을 생각하면

나 혹은 중국, 혹은 당신과 환영 같은 러시아, 혹은 결코 존재하지 않던 구겨진 침대같이 대단한 환상들이 순식간에 사라져버려요—

마치 어둠 속의 시처럼— 망각으로 도망쳐버리죠—

이젠 환상 속 존재들 외에는 더 이상 할 말도, 눈물 흘릴 이유도 없어요, 그들은 사라지면서도 갇혀서,

한숨 쉬고, 비닝 시므고, 합영 조각들을 사고팔고, 서로를 숭배하며,

모든 것에 깃든 신을 숭배하지요— 그것은 갈망일까요 필연일까요?— 지속되는 하나의 비전일까요— 아니면 그 이상의 무엇일까요?

밖으로 나가 거리를 걸을 때면, 그것은 내 주위를 뛰어다니며, 내 어깨 너머로 7번가를 뒤돌아보고, 구름 아래 서로 높이 어깨 맞대고 찰나의 하늘처럼 길게 솟은 창문 가득한 사무용 건물들의 성벽을— 그리고 그 위의 하늘을— 오래된 푸른 공간을 뒤돌아봐요.

혹은 한 길 따라 남쪽으로— 50년 전 당신이 걷던 로어 이스트 사이드 향해 걸어가면[5]— 당신은 러시아에서 온 작은 소녀 되어— 독 있는 미국의 토마토 처음 먹어보고선[6]— 부두에서 기겁을 하지요

오처드 거리 인파 속에서 당신은 애써 어디로 나갔나

요?— 뉴어크 향해

사탕 가게 향해, 금세기 최초의 수제 탄산수 향해, 뒷방의 곰팡내 나는 갈색 바닥 판자 위에서 손으로 휘젓던 아이스크림 향해—[7]

교육을 결혼을 신경쇠약을 향해, 수술을 향해, 사범대학을 향해, 그리고 꿈속에서 미치는 것 배우기 위해— 이 삶은 도대체 뭔가요?[8]

창문에 놓인 열쇠를 향해[9]— 그리고 그 거대한 열쇠는 내가 1번가 따라 걸으며 이디시 극장으로[10]— 또 당신이 알고 내가 아는, 이젠 더 이상 신경 쓰지 않는 가난한 장소로 향할 때— 하나의 커다란 광선이 되어 바닥 위에, 보도 위에 드리워져요—

패터슨을,[11] 서부를, 유럽을 지나, 다시 여기로 온 것이 이상해요,

지금 집 앞 계단과 문간에선 스페인 사람들이 소리치고 거리엔 시커먼 소년들이 어슬렁거려요, 당신만큼 늙은 화재 비상구가 있는 이곳,

— 이제 당신은 더 이상 늙지 않지만, 그건 나와 함께 여기 남아 있어요—

나 자신도, 어쩌면, 우주만큼 늙었는지 몰라요— 그리고 우주 역시 다가오는 모든 걸 소멸시키며— 우리와 함께 사라지겠죠— 어떤 것이 다가오건 매번 영원히 사라졌어요—

그게 좋아요! 후회 없도록 열어두는 거죠— 공포를 일으키는 것들, 사랑의 결핍, 고통, 심지어 치통마저 마지막에 남

카디쉬

지 않게 하는 거예요—

하지만 그것은 영혼을 잡아먹는 사자가 되어 다가오죠— 슬프게도 우리 내면의 양 같은 영혼은 맹렬하고 굶주린 변화 앞에 자신을 희생 제물로 바쳐— 머리카락과 이빨은 내어주고— 뼈는 고통으로 울부짖고, 두개골은 드러나고, 갈비뼈는 부서지고, 피부는 썩고, 뇌는 달랠 수 없는 혼란에 빠져버리죠.

아아! 아아! 우리가 더 나쁜 상태예요! 우리는 궁지에 몰려 있어요! 그런데 당신은 빠져나갔죠, 죽음이 당신을 풀어줬어요, 죽음이 사비를 베풀었어요, 당신은 당신의 세기를 끝냈고, 신을 끝냈고, 그 여정도 끝냈어요— 마침내 당신 사신도 끝냈지요— 순수해졌어요— 아버지 앞에서, 우리 모두 앞에서— 세상 앞에서— 어둠 속 아기로 돌아갔어요

거기서, 쉬세요. 당신에게 더 이상 고통은 없어요. 나는 당신이 어디로 갔는지 알아요, 그게 좋아요.

뉴욕의 여름 들판엔 더 이상 꽃이 피지 않아요, 이젠 기쁨도 없고, 루이스에 대한 두려움도 없어요,

더 이상 그의 다정함도 안경도 없고, 그의 고등학교 시절, 빚, 사랑, 깜짝 놀랄 통화, 임신하던 침대, 친척들, 손길도 없어요—[12]

더 이상 엘러너 언니도 없지요,— 그녀는 당신보다 먼저 떠났어요— 우리는 그걸 비밀로 했어요— 당신이 그녀를 죽였어요— 아니면 그녀가 당신을 견디기 위해 자신을 죽인 거예요— 관절염성 심장으로 말이죠— 하지만 죽음이 당신

둘을 다 죽였어요— 상관없어요—

당신은 자신의 어머니도 더 이상 기억 못 해요, 몇 주씩 무성영화 보며 눈물짓던 1915년도, 머리 드레슬러가[13] 인류에게 호소하고 젊은 채플린이 춤추는 것 보며 슬퍼하던 그 시간도 잊어버렸죠,

당신은 샬랴핀이 메트에서 공연한 보리스 고두노프에서 눈물 흘리는 황제를 노래할 때도 기억 못 하죠[14]— 엘러너와 맥스와 함께 입석에서— 그의 목소리에 환호하며— 오케스트라석에 앉아 있던 하얀 모피와 다이아몬드로 치장한 자본가들 바라보던 것도요,

당신은 YPSL[15] 회원들이 펜실베이니아에서 히치하이크하던 것도 기억하지 못해요, 네 명의 소녀가 검고 헐렁한 체육복 치마나 바지 입고 서로 허리 감싸안고 찍은 사진을, 웃는 눈을, 너무도 수줍은 1920년 처녀 때 고독을,

이젠 그 소녀들 모두 나이 들거나 죽어 무덤 속에 긴 머리카락 묻었죠— 나중에 남편들이 생겨 다행이었어요

당신은 해냈어요— 나도 태어났잖아요— 형 유진은 나보다 먼저 태어났고요 (그는 지금도 여전히 슬퍼하고 있고, 암에 걸리거나— 아마 나중에— 곧 자살을 떠올리게 될 때까지— 마지막에 손이 뻣뻣해질 때까지도 슬퍼할 거예요)

그리고 지금이, 내 자신을 통해 그들 모두를 보는, 기억하는 한 마지막 순간이 될 거예요— 당신은 그렇지 않겠지만요

당신이 무엇을 느꼈는지 미리 알지 못했어요— 어떤 사

악한 입이 더 끔찍하게 입 벌린 채 당신에게 먼저 다가왔나요— 당신은 준비되어 있었나요?

어디로 가려 했나요? 그 어둠 속— 그— 그 신 안으로? 빛 속으로? 허공 속 주님에게로? 꿈속 검은 구름에 가려진 눈처럼? 마침내 주님과 함께?

그건 내 기억을 넘어섰어요! 난 추측할 수 없어요! 그건 단순히 무덤 속 누런 두개골이나 벌레 먼지 가득 찬 관, 얼룩진 리본이 아니니까요— 광채 두른 해골? 그걸 믿을 수 있을까요?

마음에 한 번 태양이 빛나고, 존재가 번뜩인 후, 그다음엔 아무것도 없었나요?

우리가 가진 것— 당신이 가졌던 것— 너머에 아무것도 없다는 게 너무 슬프지만— 그러나

이곳에 있으면서, 나무처럼, 부서져가며, 변화했다는 것은 승리예요, 아니면 꽃처럼— 땅에 떨어져— 미쳐버리고, 그 꽃잎은, 색깔 입고, 위대한 우주 생각하며, 흔들리고, 머리 베이고, 잎은 벗겨져, 달걀판 같은 병원에 숨어, 천에 감겨, 아파하다가— 혼몽한 머리에 착란 일어나, 무(無)가 된다는 것은 승리이죠.

자기 자신을 알고서, 칼에 맞서 싸우다가— 져버린, 그 꽃 같은 꽃은 정원에 없었어요

봄에도 얼음같이 차가운— 기이한 유령 얼간이 눈사람 생각하다 쓰러진 거예요— 날카로운 고드름 손에 들고 시든 장미 왕관 쓰고— 개의 눈과— 땀내 나는 공장 자지와— 전

기 다리미 심장 가진— 죽음 때문에 쓰러졌죠.

시계, 육체, 의식, 신발, 가슴—당신이 낳은 아들들— 당신의 공산주의— 병원으로 실려 간 '편집증'— 이 모든 삶의 축적물이 우리를 지치게 만들어요.

당신은 한때 엘러너 다리 걸어찼고, 그녀는 나중에 심부전으로 죽었어요. 당신은 뇌졸중으로 죽었죠. 잠든 채 죽었나요? 일 년 안에, 두 사람 모두, 죽음 속에서 자매가 되었죠. 엘러너는 행복할까요?

맥스는 살아서 계속 로어 브로드웨이 사무실에서 슬퍼하고 있어요, 확신 없이, 덩그러니 커다란 콧수염 한 채 한밤중 회계 업무 하면서요. 그가 보는 대로— 그의 삶이 흘러가요— 그리고 이제 그는 무엇을 의심할까요? 여전히 돈 벌 꿈꿀까요, 아니면 돈 벌고, 간호사 고용하고, 자식 낳고, 심지어 당신의 불멸을 찾아내길 꿈꿀까요, 나오미?

전 곧 그를 만날 거예요. 그리고 이제는 단도직입적으로— 당신과 얘기해야 해요— 당신에게 입이 있었을 때 하지 못했던 얘기를.

영원. 우리는 그곳을 향해 가고 있어요, 영원히— 에밀리 디킨슨의 말들처럼— 말머리를 최후로 향한 채로요.[16]

그들— 이 준마(駿馬)들은— 그 길을 알기에 우리가 생각하는 것보다 더 빠르게 달려가죠— 그들은 우리의 삶을 가로지르며— 우리를 데려가지요.

당당히 서서, 더 이상 슬퍼하지 않겠습니다. 상처 입은 가슴, 뒤처진 마음으로, 결혼하고 꿈꾸고 변해버렸던 사람 때문에— 죽어버린 엉덩이와 얼굴 때문에.

세상 속에, 던져져, 미쳐버린 꽃, 어떤 이상향도 만들지 못하고, 소나무 아래 묻혀, 땅을 향한 채, 고독 속에 치유되니, 여호와여, 받아주소서.

이름 없는, 하나의 얼굴, 영원히 나를 넘어선, 시작도 없고, 끝도 없는, 죽음 속의 아버지여. 내 비록 이 예언을 하기 위해 그곳에 있진 않지만, 또 결혼도 못 하고, 찬송가도, 천국도 없고, 지복 속에 묻힐 머리도 없지만

나는 여전히 그내를, 하늘나라를, 사후를, 무(無) 속에서 축복받는 유일한 존재를, 빛도 어둠도 아닌, 나날이 없는 영원을 경배합니다—

하루 만에 나의 손에서 터져 나온 이것을, 이 시편을, 취하소서, 이 시편은 그대를— 그러나 죽음을 찬양하기 위해— 이제 무(無)에 바쳐진, 내 시간의 일부입니다

이것은 끝이요, 광야로부터의 구원이자, 방랑자를 위한 길, 모두가 찾던 집, 눈물로 깨끗이 씻긴 검은 손수건이요— 시편을 넘어선 페이지이자— 신의 완벽한 어둠으로 나가는 나와 나오미의 마지막 변화이니— 죽음이여, 그대의 환영들을 멈춰주소서!

II

병원들을— 거듭 반복되는— 후렴구처럼 들락거리던—
당신의 역사를 아직 쓰진 못했어요— 모호하게 남겨둔 거
죠— 몇 개의 이미지가

집들과 세월의 색소폰 합창처럼— 마음속에 지나가요—
전기충격의 기억처럼요.

패터슨의 아파트에서, 당신의 신경과민과— 뒤따르는 행
동을 지켜보며, 어린 시절 긴 밤들을 보냈었죠— 당신은 뚱
뚱했어요—

그날 오후 나는 학교에 가지 않고 집에 머물며 당신을 돌
봤어요.[17]— 그리고 결단코— 영원히 맹세컨대, 만약 그때 누
구든 내 우주관에 동의하지 않았다면, 나는 무너질 수밖에
없었을 거예요—

인류를 계몽하겠다는 훗날 나의 부담스러운 다짐에 맹
세코— 이건 구체적인 내용들을 밝히는 거예요— (당신처럼
미쳐서 말이죠)— (온전함이란 합의된 속임수일 뿐이잖아
요)—

당신은 브로드웨이 교회 모퉁이에서 창밖을 내다보며,
뉴어크에서 온 불가사의한 암살자를 감시하고 있었죠,

그리고 의사가 전화를 했어요— '그래 멀리 가서 쉬시게
하렴'— 그래서 난 코트 입고 당신을 데리고 거리로 나갔어
요— 가는 길에 한 초등학교 아이가 이유 없이 소리쳤죠—
'어디로 죽으러 가요 아줌마?' 나는 몸서리쳤어요—

카디쉬

그리고 당신은 할머니가 살포한, 시내 공기에 몰래 섞여든 독을 막기 위해, 방독면을 대신하여 자신의 좀먹은 모피 깃으로 코를 가렸죠—[18]

치즈 상자 모양의 대중교통 버스 운전기사가 갱단 일원이었나요? 당신은 그의 얼굴에 몸서리쳤고, 나는 당신을 간신히 버스에 태웠어요— 뉴욕으로, 바로 타임즈 스퀘어로 가서, 또 다른 그레이하운드 버스를 갈아타려고 했죠—

우리는 그곳에서 두 시간 동안 보이지 않는 벌레들과 유대인의 질병— 루스벨트가[19] 독을 살포한 바람과 싸워야 했니요.

당신을 잡기 위해— 그저 쫓아다니며, 나는 우리가 호수가의 빅토리아풍 집 조용한 방에 도착하기만을 바랐어요.

터널을 통과해 3시간을 달리면서 미국의 모든 산업, 2차 세계대전을 준비하는 베이온,[20] 탱크들, 가스 들판, 탄산음료 공장, 식당들, 기관차의 원형 차고 요새를 지나— 소나무 숲 뉴저지주 인디언들— 평온한 마을들— 모래 나무 들판 가로지르는 긴 도로 따라—

시내 바닥엔 오래된 왐펌 쌓이고— 그 아래엔 인디언 도끼나 포카혼타스 뼈가 묻힌[21]— 사슴 없는 샛강 옆 다리들 지나, 루스벨트에게 투표하는 수많은 할머니의 작은 갈색 집들, 광기의 고속도로에서 벗어난 길들을 따라—

아마도 나무 위의 매나, 올빼미 가득한 나뭇가지 찾는 은둔자 지나—

앞쪽 두 좌석에서 상관 않고 코 고는 낯모르는 이들을

두려워하면서— 가는 내내 나는 당신과 다투었었죠— 지금 그들은 어느 버스에서 코 골고 있을까요?

'앨런, 넌 이해 못 해— 그게— 그 큰 막대기 세 개를 내 등에 꽂고— 병원에서 나에게 뭔가를 했다니까, 나에게 독을 주입했어, 그들은 내가 죽기를 원해— 큰 막대기 세 개야, 큰 막대기 세 개라고—'22

'그 마녀! 늙은 할망구 말이야! 내가 지난주에 봤어, 늙은 남자처럼 바지 입고, 등에 자루 짊어지고, 아파트 벽돌 쪽으로 기어올랐다니까'

'비상구에서, 독성 세균 가지고, 나에게 뿌리려고— 밤에 말이야—23 루이스가 도울지도 몰라— 그녀에게 휘둘리니까—'

'나는 네 엄마야, 날 레이크우드로 데려가 줘' (전에 그라프 체펠린이 추락하고, 히틀러가 온통 폭발했던 곳 근처로 24) '내가 숨을 수 있는 곳에 말이야.'

우리는 그곳— 의사 뭐시기의 요양원에 도착했어요— 그녀는 옷장 뒤에 숨어서— 수혈을 해달라고 요구했어요.

우리는 쫓겨났죠— 여행 가방 들고 그늘진 잔디밭 깔린 알지 못하는 집들을 떠돌았어요— 황혼, 어둠이 내린 소나무들— 귀뚜라미와 덩굴옻나무 가득했던 오래전에 죽어버린 거리—

난 그녀가 입 다물게 했죠— 요양원의 큰 집과 방들— 주인 아주머니에게 일주일치 돈을 주고— 철제 가방 들고 올라가— 침대에 앉아 도망갈 준비를 했어요—

익숙한 침대 씌우개가 있는 깔끔한 다락방— 레이스 커튼— 물레무늬 깔개— 나오미만큼 오래된 얼룩진 벽지. 마침내 안식처에 도착한 거죠.

나는 뉴욕으로 가는 다음 버스를 타고 떠났어요— 끝 좌석에서 머리 뒤로 젖히고선 우울해졌죠— 더 이상 최악의 상황이 남아 있을까?— 그녀를 버리고, 무기력하게 떠났던 나는— 겨우 12살이었어요.

그녀가 방에 숨어 있다가 쾌활하게 아침 먹으러 나올까? 아니면 문 잠그고 창문으로 골목길의 스파이를 지켜볼까? 열쇠 구멍에서 보이지 않는 히틀러의 가스 소리 들을까? 의자에 앉아 꿈꾸거나— 아니면 혼자 거울 앞이나 옆에서— 나를 놀려댈까?

12살 밤 뉴저지주 가로지르는 버스 타고, 레이크우드 유령의 집 파르카이에게[25] 나오미를 맡기고선— 내 운명의 버스에 올라— 깊이 좌석에 몸을 묻었죠— 바이올린은 모두 부서지고— 갈비뼈 속 심장이 아파왔어요— 마음은 텅 비어 버렸죠— 그녀가 차라리 안전하게 관 속에 있으면 좋을 텐데—

아니면 그녀가 뉴어크 사범대학으로 돌아가, 검은 치마 입고 미국에 대해 공부하고— 점심도 없이 겨울 거리에서— 일센트짜리 피클 하나 먹고— 밤에는 집에서 엘러너 침실을 돌보면 좋을 텐데—

첫 번째 신경쇠약은 1919년이었어요— 그녀는 학교를 쉬고 집의 어두운 방에서 삼 주간 누워 있었죠— 뭔가 나쁜

일이 있었어요― 그게 뭔지는 절대 말하지 않았죠― 그녀에
겐 모든 소음이 고통스러웠어요― 월스트리트가 삐걱대는
소리도 꿈속에서 들었대요―[26]

그녀는 잿빛 대공황이 닥치기 전 뉴욕주 북부로 가서―
회복되었죠― 루이스는 풀밭에서 다리 꼬고 앉은 그녀의
사진을 찍었어요― 꽃들로 감은 긴 머리로― 미소 지으며―
만돌린으로 자장가를 연주하고 있었죠― 좌익 여름 캠프엔
덩굴옻나무 연기 서리고 아기였던 나는 나무들을 바라보
고 있었어요―

그녀는 다시 학교에서 가르쳤어요― 러시아인의 전문성
으로― 뒤처진 반들을 맡아, 백치들과 웃으면서, 몽롱한 입
술, 커다란 눈, 가느다란 발과 아픈 손가락, 굽은 척추, 구루
병 가진 저능아들을 돌봤죠― 큰 머리 흔들며 이상한 나라
의 앨리스를 읽는 아이들, C A T로 가득 찬 칠판과 함께 말
이죠.[27]

나오미는 참을성 있게 공산주의 동화책을 읽어주었죠―
독재자가 갑작스레 친절해진 이야기― 용서하는 마법사
들― 서로 입 맞추는 군대들―

녹색 테이블에 둘러앉은 죽음의 해골들― 왕과 노동자
들― 패터슨 출판사는 30년대에 이 책을 만들어, 그녀가 미
치거나, 그들이 문 닫거나, 아니면 둘 다일 때까지 출판했죠.

오 패터슨! 나는 그날 밤 늦게 집에 도착했어요. 루이스
는 걱정했죠. 네가 어떻게 그럴 수 있니― 생각이 없어? 엄
마를 놔두고 떠나지 말았어야지. 레이크우드에서 미치면 어

떡하니. 의사에게 연락해. 소나무숲 요양소로 전화 걸어. 너무 늦었네.

난 이 세상 뜨고 싶은 마음으로, 녹초가 되어 잠자리에 들었어요 (그해 난 R과 새로운 사랑에 빠졌던 것 같아요— 그는 고등학교 시절 나의 정신적 영웅, 나중에 의사가 된 유대인 소년이었죠— 그때는 조용하고 깔끔한 아이였어요—

난 나중에 그를 위해 인생을 바쳤고, 맨해튼으로 이사했고— 그를 따라 대학에 갔고— 입학시험 보러 가는 날— 나에게 입학이 허락된다면 인류를 도우며 살겠노라 페리에서 기도했었죠— 사코와 반제티, 뉴먼 토마스, 뎁스, 알트겔드, 샌드버그, 포우— 리틀 블루의 책에서 영감을 받아[28]— 성실하고 혁명적인 노동 변호사가 되기 위해— 노력하겠노라 맹세했었죠. 나는 대통령이나 상원의원이 되고 싶었어요.

어리석은 슬픔이었죠— 나중엔 충격받은 R의 무릎 앞에 무릎 꿇고 1941년의 내 사랑을 고백하는 꿈을 꿨죠— 그는 나에게 다정하게 대했을 거예요, 하지만, 나는 그를 원하면서도 절망했어요— 첫사랑— 짝사랑이었죠—

그 이후의 치명적 눈사태, 동성애의 거대한 산맥, 음경의 마터호른, 항문의 그랜드 캐년[29]— 우울한 내 머리를 짓누르는 무게—

한편 나는 브로드웨이를 걸으며 무한을 그 너머에 공간이 없는 고무공으로 상상했어요— 그럼 그 바깥에는 무엇이 있을까?— 영화 본 후 꿈꾸며 그레이엄 애비뉴 집으로 돌아올 때 길 건너 외로운 초록 울타리 지나며 나는 여전히 우울했어요—)

새벽 2시에 울린 전화벨— 비상사태— 그녀가 미친 거예요— 나오미가 침대 밑에 몸을 숨기고 무솔리니의 벌레들 땜에 비명을 지르고 있었어요— 도와줘! 루이스! 부바! 파시스트! 죽음이야!— 여주인은 겁에 질렸고— 늙고 지쳐버린 관리인이 그녀에게 소리치며 답하고 있었죠—

이웃들이 공포에 질려 깼어요— 폐경기 지나 회복 중인 이층 할머니들은— 허벅지 사이 이런저런 생리대 차고, 깨끗한 시트 깔고, 잃어버린 아기들과— 한 줌 재가 된 남편들을 슬퍼하며— 예일대에서 비웃거나 CCNY에서 머릿기름 바르는 아이들[30]— 혹은 유진처럼 몽클레어 주립 사범대학에서 떨고 있는 아이들 때문에 낙심해 있었죠—

그녀는 커다란 다리를 가슴으로 당겨 웅크린 채, 저리 가 손사래치며, 허벅지엔 양모 드레스 걸치고, 침대 밑으로 모피 코트 끌고 들어가— 침대 스프링 아래 가방들로 방어선을 쳤어요.

루이스는 잠옷 차림으로 겁에 질려 전화를 받고 있었죠— 이제 어떻게 하지?— 누가 알겠어?— 내 잘못일까, 그녀를 외롭게 내몬 것이?— 나는 어두운 방 소파에 앉아, 떨면서, 뭘 해야 할지 찾아내려 애썼어요—

그는 아침 기차 타고 레이크우드로 갔어요, 나오미는 여전히 침대 밑에 있었고— 그가 독약과 경찰을 데려왔다 생각했죠— 나오미는 비명을 질렀어요— 그때 마음이 어땠나요 루이스? 제정신 아닌 나오미 때문에 죽을 것 같지 않았나요?

그녀를 끌어내서, 모퉁이 돌아, 택시 잡고, 가방과 함께 그녀를 억지로 태웠지만, 운전사는 그들을 약국에서 내리게 했죠. 버스 정류장에서 두 시간의 기다림.

나는 방 네 개짜리 아파트 거실, 루이스의 책상 옆 큰 침대에서— 떨면서— 겁먹은 채 누워 있었죠, 그는 그날 밤, 늦게 집에 돌아와, 무슨 일이 있었는지 내게 말해줬어요.

나오미는 처방전 계산대에서 적으로부터 자신을 방어했대요— 어린이책 진열한 선반들, 질 세정기, 아스피린, 작은 병들, 피와 함께 — '나한테 가까이 오지 마— 살인자들! 저리 가! 날 죽이지 않겠다고 약속해!'

루이스는 탄산음료 판매대에서 레이크우드의 걸스카우트들— 코카콜라 중독자들— 간호사들— 시간표에 맞추느라 분주한 버스 기사들과 함께 공포에 질렸죠— 시골 파출소 경찰들은 멍하니 바라보았고— 사제 한 분은 오래된 절벽 위 돼지 환상을 보았다지요?

루이스가 공기 냄새 맡으며— 허공을 가리켰을까요?— 손님들은 코카콜라를 토하거나— 빤히 쳐다보았고— 루이스는 수치스러웠어요— 나오미는 의기양양해서— 큰 소리로 음모를 떠들어댔지요. 버스가 도착했지만, 운전사들은 그들을 뉴욕으로 데려가려 하지 않았어요.

의사 뭐시기에게 전화 걸었죠, '그녀는 휴식이 필요합니다,' 정신병원— 그레이스톤 주립 병원 의사들은 이렇게 말했어요— '그녀를 이리로 데려오세요, 긴즈버그 씨.'

나오미, 나오미는— 땀 흘리며, 눈은 붉어지고, 뚱뚱한 몸으로, 드레스 한쪽 단추는 풀린 채— 머리카락은 이마를 덮고, 다리엔 흉하게 늘어진 스타킹 신고서— 수혈해달라고 비명 지르고 있었죠— 정의로운 한 손으로— 신발 치켜들고— 맨발로 약국에 서 있었어요—

적들이 다가오고 있었죠— 어떤 독인가? 녹음기인가? FBI인가? 계산대 뒤에 숨어 있는 즈다노프인가? 가게 뒤에서 쥐 박테리아를 섞는 트로츠키인가?[31] 뉴어크 흑인 지역에서 치명적 향수 만드는 샘 삼촌인가? 정치인들 술집에서 살인에 취해 헤이그 음모[32] 꾸미는 에프라임 삼촌인가? 스페인 내전의 바늘로 물을 걸러내는 로즈 고모인가?

35달러짜리 구급차가 레드 뱅크에서 와— 그녀의 팔을 붙잡아— 들것에 묶었어요— 그녀는 상상으로 중독되어 신음하며, 뉴저지주 가로질러 화학 물질 토해내고, 에섹스 카운티에서 모리스타운까지 내내 도와달라 애원했죠—

그러곤 다시 그레이스톤으로 돌아가 삼 년간 누워 지냈어요— 그 마지막 탈출 때문에 다시 정신병원으로 끌려간 거죠—

내가 나중에 종종 걸어 다녔던— 어떤 병동에서는— 구름이나 재나 벽처럼 회색빛의 늙은 여성 긴장증 환자들이— 바닥이나 의자를 향해 중얼대며 앉아 있었어요— 주름진 노파들은 기어다니며 꾸짖었죠— 내 열세 살의 자비를 구걸하면서요—

전기충격 치료 받고 정신 나간 나오미를 나는 가끔 혼자

찾으러 다녔어요─ '집에 데려가 줘'─ 그러면 나는 이렇게 말하곤 했죠, '아니야, 엄마는 미쳤어,─ 의사들을 믿어.'─

그리고 그녀의 맏아들, 내 형 유진은 따로 뉴어크 가구 딸린 방에서 법학 공부를 하고 있었는데─
다음 날 패터슨으로 와서─ 부서진 거실 소파에 앉았어요─ '그녀를 그레이스톤으로 돌려보낼 수밖에 없었단다'─
─ 너무 어렸던 그는, 어찌할 바를 모르다가, 눈물을 글썽이기 시작했어요─ 그러고선 얼굴 전체가 눈물범벅이 되었죠─ 광대뼈가 벌리세 울면서, 눈을 감고, 높은 목소리로 말했죠 '왜요?'─ 고통스러웠던 유진의 얼굴.

그는 멀찌감치, 뉴어크 도서관 엘리베이터로 도망갔어요, 전차 선로 깔린 시내 주당 5달러짜리 가구 딸린 방 창턱에 매일 우유병을 놓아두었었죠─

그는 하루 8시간 일하고 주당 20달러 벌며─ 법대 시절을 보냈고─ 흑인 창녀촌 근처에서 홀로 순결하게 살았어요.

경험 없고, 가난했던 동정남─ 그는 이상과 정치에 관해 시를 쓰고 팻 이브 뉴스[33] 편집자에게 편지를 보냈죠─ (우리는 둘 다 버라 상원의원과 고립주의자들을 비난하는 글을 썼고─ 패터슨 시청에 대해 알 수 없는 신비로움을 느끼고 있었어요─

나는 그 안에 한 번 몰래 들어간 적이 있었어요─ 남근 모양 첨탑과 꼭대기 장식이 있는 그 지역의 몰록 탑, 시장 거리에 서 있던 기묘한 고딕 양식의 시(詩)─ 리옹 시청의

복제품이었죠[34]—

　부속 건물들, 발코니와 화려한 문들, 거대한 시청 시계로 가는 입구, 호손으로 가득 찬 비밀 지도실— 세금 위원회의 어두운 뎁스,[35] 음울한 곳에서 담배 피우던 렘브란트—

　조용하게 윤나는 책상들이 놓인 거대한 위원회 회의실— 시의회 의원들의 것인가? 재무 위원회인가? 음모 꾸미는 이발사 모스카[36]— 화장실에서 명령하는 폭력배 크랩— 구역, 소방, 경찰, 우리 모두는 죽는다는 식 뒷방 형이상학을 두고 싸우는 미친 자들— 유진은 바깥 버스 정류장 옆에서 어린 시절을 응시하고 있었죠—

　거기는 복음 전도사가 삼십 년 동안 미친 듯 설교했던 곳이었어요, 딱딱해진 머리카락으로, 미쳐서, 엄격한 성경에 충실하게— 하나님 만날 준비하라고 시청 도로에 분필로 쓰거나—

　철도 고가 다리 콘크리트에 하나님은 사랑이시다라고 적었죠— 나처럼 미쳐 날뛰던 그 외로운 전도사— 시청 위에 드리운 죽음—)

　하지만 유진은, 젊었고, 4년간 몽클레어 사범대학을 다니다가— 반년 동안 가르치고선 미래를 위해 교직을 포기했어요— 훈육 문제가 두려웠던 거예요— 영어는 모르고, 소네트는 외면한,[37] 어둡고 문란한 이탈리아 학생들, 성관계 맺는 대담한 소녀들— 그리고 그는 아는 게 별로 없었어요— 단지 그가 실패했다는 것만 알았죠—

　그래서 인생을 둘로 쪼개고선 법 공부를 위해 대가를 치렀어요— 두꺼운 파란 책들 읽고 13마일 떨어진 뉴어크에서 오래된 엘리베이터 타고 미래를 위해 정말 열심히 공부했죠

그러나 그는 곧 실패의 문턱에서 나오미의 마지막 비명을 들었고, 나오미는 사라졌고, 우리는 외로웠죠— 집에 — 거기에 그가 그렇게 앉아 있었어요—

그럼 닭고기 수프라도 좀 먹어, 유진. 전도사가 시청 앞에서 울부짖고 있어요. 그리고 올해 루이스는 교외에 사는 중년의 시적인 사랑을 키우고 있어요— 남몰래 말이죠— 그가 1937년에 쓴 책에 나오는 음악처럼— 그는 진심으로— 아름다움을 실망하죠—

나오미가 비명을 지른 후로 사랑은 없었어요— 1923년 이후부터였나?— 이제 그녀는 그레이스톤 병동에 갇혀버렸죠— 새로운 충격요법— 40번의 인슐린 투약 후 전기치료가 있었어요.

그러곤 메트라졸 때문에 뚱뚱해졌죠.

그리고 몇 년 후 그녀가 다시 집에 돌아왔어요— 우리는 많이 성장해서 계획을 세웠죠— 나는 그날을 기다렸어요— 엄마가 다시 요리하고— 피아노 치고 만돌린 켜며 노래 부르고— 허파로 만든 스튜, 스텐카 라진,[38] 핀란드 전쟁에 관한 공산주의 노선— 빚을 진 루이스— 독 묻었는지 의심스러운 돈— 불가사의한 자본주의에 대해 이야기하면서—

— 긴 현관 복도 걸어가 가구를 바라보는 그날을 기다린 거죠. 그녀는 모든 걸 기억하진 못했어요. 약간의 기억상실

이었죠. 레이스 받침들을 살펴보았는데— 식당용 세트는 팔려서 없었어요—

20년간 사랑했던— 마호가니 식탁은— 고물상으로 넘어갔죠— 그렇지만 우리에겐 여전히 피아노와— 포우의 책— 그리고 줄이 몇 개 없고, 먼지투성이이긴 하지만, 만돌린이 남아 있었어요—

그녀는 뒷방 침대에 누워 생각에 잠기거나, 낮잠을 자거나, 숨었어요— 나는 그녀와 함께 방에 들어갔고, 그녀 혼자 있게 내버려두지 않았죠— 나는 침대에 있는 그녀 옆에 누웠어요— 커튼을 쳤고, 어둑어둑했고, 늦은 오후였어요— 루이스는 거실 책상에 앉아, 기다리고 있었어요— 아마도 저녁으로 먹을 닭을 삶고 있었을 거예요—

'정신병원에서 막 돌아온 것뿐이니까 날 무서워하지 마— 나는 네 엄마야—'

가엾은 사랑, 잃어버렸던 사랑— 두려움— 나는 거기 누워— 그녀 팔 옆에서, 뻣뻣하게 굳은 채로 말했어요, '사랑해요, 나오미'— 나는 울 수도 있었을 텐데 그러지 못했죠, 위로 없는 외로운 결합이어서였을까요?— 그녀는 초조해하며, 곧 일어났어요.

그녀가 만족한 적이 있었을까요? 그러고선— 혼자서 현관 창가 새 소파에 앉아, 불안하게— 손에 뺨을 기대고는— 눈을 가늘게 뜨고서— 그날의 운명을 응시했죠—

손톱으로 이 쑤시고, 입술을 동그랗게 만든 다음, 의심하며— 낡고 닳은 생각의 자궁으로— 멍하게 곁눈질하며— 갚지 못한, 어떤 악랄한 빛을 벽에다 쓰고선— 뉴어크의 늙은 가슴으로 가까이 다가왔어요—

그녀는 머릿속 전선을 통해 라디오 잡담을 들었는지도 몰라요, 기억상실 걸렸을 때 병원에서 깡패들이 그녀 등에 꽂은 세 개의 커다란 막대로 조종 당하면서— 어깨 사이에서 일어나— 머리로까지 번지는— 통증을 느끼면서—

그녀는 내게 루스벨트가 자신의 사정을 알아야 한다고 말했어요— 이제 정부가 그들의 이름을 알고— 히틀러까지 거슬러 추적했으니까— 그녀 죽이기를 꺼린다고 하면서, 루이스의 집을 영원히 떠나고 싶다고 했죠.

어느 날 밤 갑작스러운 발작— 욕실에서 들리는 그녀의 소리— 영혼을 토해내는 듯— 경련과 함께 입에서 쏟아지는 붉은 구토물— 뒤에선 설사 터지고— 변기 앞에서 네발로 엎드린 채— 다리 사이론 오줌 흐르는데— 그녀는 기절하지 않고— 검은 똥으로 얼룩진 타일 바닥에서 구역질하고 있었어요—

나이 마흔에, 정맥류 걸린, 벌거벗고, 뚱뚱하고, 절망적인 그녀는 아파트 문밖 엘리베이터 근처에 숨어 경찰을 부르고, 친구 로즈에게 도와달라고 소리쳤어요—

한 번은 면도칼이나 요오드 갖고 문을 잠갔는데— 싱크대에서 울면서 기침하는 소리가 들렸어요— 루이스는 초록색으로 칠한 유리문 깨고 들어갔고, 우리는 그녀를 침실로 끌어냈지요.

그러고서 그해 겨울 몇 달간은 조용했어요— 그녀는 혼

자서, 브로드웨이 근처를 걷고, 데일리 워커를[39] 읽었어요—
얼음 언 길에서 넘어져, 팔이 부러지기도 했죠—

우주적 금융 살해 음모에서 탈출할 계획 세우기 시작했
고— 그 후에 브롱크스에 있는 언니 엘러너에게 도망갔어
요. 그리고 뉴욕에서 나오미 말년의 또 다른 이야기가 펼쳐
지게 되었죠.[40]

엘러너를 통해서든 그녀가 일했던 노동자 모임을 통해서
든, 그녀는 봉투에 주소 쓰는 일을 하면서 생활을 꾸려갔어
요— 캠벨 토마토 수프를 사러 가고— 루이스가 부쳐준 돈
을 모았죠—

나중에 그녀는 남자 친구를 만났는데, 의사였어요— 아
이잭 박사는 국립 해양 노동조합에서 일했는데— 지금은 늙
고 뚱뚱하고 한물간 이탈리아계 대머리 남자가 되었죠— 그
는 고아였는데— 그들이 그를 내쫓았어요— 옛날식 잔인함
이었죠—

그녀는 더 나태해졌고, 침대나 의자에 앉아, 코르셋을 입
고서 혼자 꿈꾸곤 했어요— '나는 섹시해— 살쪄버렸어—
병원에 가기 전에는 정말 멋진 몸매였는데 말이야— 당신은
우드바인에[41] 있었을 때 나를 봤어야 했어—' 1943년, 국립
해양 노동조합 회관 근처 가구 딸린 방에서 벌어진 일이었
어요.

그녀는 벌거벗은 아기 사진들— 베이비파우더 광고, 으
깬 양고기와 당근 이유식을— 잡지에서 보고선 '나는 아름

카디쉬 35

다운 생각만 할 거야.'

그녀는 여름날 창가 빛 속에서 고개를 빙글빙글 돌리며, 최면에 걸린 듯, 비둘기 같은 꿈속에서 떠올렸죠—

'나는 그의 뺨을 만져, 그의 뺨을 만져, 그는 손으로 내 입술을 만져, 내 생각은 아름다워, 아기 손은 아름다워.'—

혹은 몸서리치는 부정, 혐오감— 부헨발트에[42] 대한 어떤 생각— 어떤 인슐린이 그녀 머리를 스쳐갈 때— 찡그린 신경이 자기도 모르게 떨리며 (내가 오줌 눌 때 떠는 것처럼)— 그녀 대뇌피질에서 나쁜 화학작용이 일어나— '안돼, 그런 생각 하지 마. 그는 쥐야.'

나오미 왈, '우리가 죽으면 양파, 양배추, 당근, 호박, 채소가 되는 거야.' 나는 컬럼비아 대학에서 시내로 내려와 그녀 말에 동의했죠. 그녀는 성경을 읽고, 하루 종일 아름다운 생각을 했어요.

'어제 하나님을 보았어. 어떻게 생겼냐고? 글쎄, 내가 오후에 사다리 타고 올라갔거든— 그는 뉴욕주 먼로 숲속 닭농장 같은, 싸구려 시골 오두막을 가지고 있었어. 그는 하얀 수염 기른 외롭고 늙은 남자였지.'

'그를 위해 저녁을 요리했어. 맛있는 식사를 만들어줬지— 렌틸콩 수프, 야채, 빵과 버터— 밀츠[43]— 그는 식탁에 앉아 먹었어, 그는 슬프더라고.'

'그에게 말했어, 저 아래서 벌어지는 모든 싸움과 살육을 보세요. 뭔 일이냐고요? 왜 멈추지 않죠?'

'그가 말했어, 노력하고 있어— 그게 그가 할 수 있는 전

부였지, 그는 피곤해 보였어. 그는 아주 오랫동안 독신이었고, 렌틸콩 수프를 좋아해.'

그러면서 그녀는 나에게 차가운 생선 한 접시를 내놓았어요— 수돗물 뚝뚝 떨어지는 잘게 썬 생양배추— 악취 나는 토마토— 일주일 된 건강식품— 미지근한 즙 새어 나오는, 강판에 간 비트와 당근— 점점 더 암울해지던 음식들— 나는 가끔 메스꺼워서 먹을 수 없었죠— 맨해튼, 광기, 나를 기쁘게 하려는 욕망의 냄새 나는 손끝의 자선, 뼈 근처가 창백하게 붉은— 덜 익은 차가운 생선. 그녀는 냄새나고— 방에서 종종 벌거벗고 있어서, 나는 앞을 응시하거나, 책장을 넘기며 그녀를 무시했어요.

한번은 그녀가 나와 자려 한다고 생각한 적도 있었어요— 그녀는 싱크대에서 혼자서 교태 부리고선— 방의 대부분을 차지한 커다란 침대에 다시 누워, 엉덩이 근처까지 드레스를 올려 입었죠, 커다란 털 덩어리, 수술 자국들, 췌장, 복부 상처들, 낙태, 맹장, 봉합된 절개 부위들이 살 속으로 빨려 들어가 흉측하고 두꺼운 지퍼처럼 보였어요.[44]— 그녀 다리 사이의 너덜너덜한 긴 입술— 뭐야, 심지어 항문 냄새까지? 나는 냉담했어요— 나중엔 많이는 아니지만, 약간 역겹기도 했지요— 어쩌면 시도해볼 만한 괜찮은 생각일지도— 어쩌면— 그 방법으로— 생명이 시작되는 자궁이란 괴물을 알게 될지도 모르죠. 그녀가 신경 쓰기라도 할까요? 그녀에겐 연인이 필요했을 뿐이었죠.

복되시도다, 거룩하신 그 이름, 기리나이다, 찬양하나이다, 영광되시고, 기뻐하시며, 드높아지소서, 흠숭하오니, 찬미 받으소서, 복되신 그분이시여.[45] 루이스는 패터슨의 흑인 지역 지저분한 아파트에 새 둥지를 틀었죠— 어두운 방에 살면서— 나중에 결혼할 여자를 찾았고, 다시 사랑에 빠졌어요— 비록 메마르고 수줍었고— 나오미의 미친 이상주의 땜에 20년간 상처받았지만 말이죠.

한 번은 뉴욕에서 오랜만에 집에 돌아오니, 그가 외로워하고 있었어요— 침실에서, 책상 의자를 돌려 나를 마주하고는— 울었죠, 안경 아래 붉은 눈에선 눈물이 흘렀어요—

우리가 그를 떠났기 때문이었어요— 유진은 이상하게도 군대로 갔고— 그녀는 가구 딸린 뉴욕의 방에서 혼자, 거의 어린애처럼 지냈죠. 그래서 루이스는 우편물 받으러 시내 우체국까지 걸어 다녔고, 고등학교에서 가르쳤고— 쓸쓸히, 시 쓰는 책상에 머물며— 빅퍼드에서[46] 슬픔을 먹는 그런 세월을 보냈어요— 이젠 그 시간도 사라졌지요.

유진은 군대에서 제대하고, 변한 모습으로 외롭게 집으로 돌아왔어요— 유대식 수술로 코를 성형했고— 몇 년 동안 브로드웨이에서 여자들을 붙들고 커피 한잔하자며 자보려고 수작을 부렸죠— 뉴욕대에 가서는, 진지해져서, 법학 공부를 마치려고 했죠.—

유진은 그녀와 함께 살 때, 간단한 싸구려 생선 케이크를 먹었고, 그녀는 점점 더 미쳐갔어요 —그는 야위었고, 무력감을 느꼈죠, 나오미는 옆 침대에서 반쯤 벌거벗은 채로, 달을 보며 1920년대 자세를 취하고 있었고요.

그는 손톱 물어뜯으며 공부했어요— 기묘한 간호인이자 아들이었죠— 그녀는 자식과 살고 싶어 했지만— 그는 다음 해 컬럼비아 대학 근처로 이사해버렸어요—

'엄마 소원 좀 들어줘, 부탁이야'— 루이스는 그녀에게 여전히 수표를 보내고 있었어요— 나는 그해 8개월 동안 정신병원에 있었고요— 여기 이 애가(哀歌)에선 내 환상에 관해 말하진 않겠어요—

하지만 그때 그녀는 반쯤 미쳐 있었어요— 그녀의 방에 히틀러가 있고, 싱크대에서 그의 콧수염을 보았다고 믿었죠— 이제 아이잭 박사가 뉴어크 음모에 가담했다고 의심하며 무서워했어요— 브롱크스로 이사해 엘러너의 류머티즘 심장 곁에서 살게 되었죠—

그리고 맥스 이모부는 정오 이전엔 절대 일어나지 않았지만, 나오미는 스파이 때문에 아침 6시에 라디오를 듣거나— 창턱을 수색했어요,

한 노인이 아래 공터에서, 검은 외투 걸인 채 쓰레기 가득 채운 가방 가지고 천천히 걸어 다녔기 때문이었죠.

맥스의 여동생 이디는— 17년간 김벌스 백화점에서 회계 장부 담당자로 일했고— 이혼한 채, 같은 아파트 아래층에 살고 있었어요— 그래서 이디는 나오미를 로센보 애비뉴로 받아들인 거죠[47]—

길 건너편에는 우드론 묘지가 있었는데, 한때 포우가 묻혔던 그 광대한 무덤 계곡은— 브롱크스 지하철의 마지막 역이기도 했어요— 그 지역엔 공산주의자들이 많이 살고 있

었죠.

브롱크스 성인 고등학교 야간 미술 수업에 등록한 그녀는— 밴 코틀런드 고가철도[48] 아래를 홀로 걸어가— 수업 시간에 나오미풍의 그림들을 그렸어요—

오래전 여름날 어떤 '근심 없는 캠프'의 풀밭에 앉아 있던 사람들[49]— 축 처진 얼굴과 맞지 않는 긴 바지 입은 병원의 성자들—

로어 이스트 사이드 앞에 키 작은 신랑들과 함께 서 있는 신부들— 브롱크스의 바빌론 아파트[50] 지붕 위로 달리는 사라진 고가철도 열차들—

슬픈 그림들이었지만— 그녀는 자신을 표현했어요. 그녀의 만돌린은 사라졌고, 머릿속 모든 현(絃)은 끊어졌지만, 그녀는 노력했지요. 아름다움을 위해서? 아니면 어떤 오래된 삶의 교훈을 위해서?

하지만 그녀는 엘러너를 발로 차기 시작했고, 엘러너 심장에 문제가 생겼죠— 나오미는 위층으로 올라와 몇 시간이고 스파이 활동에 대해 물었고,— 엘러너는 기진맥진했어요. 맥스는 멀리 사무실에서, 밤늦게까지 담배 가게 결산을 했고요.

'나는 위대한 여성이야— 진실로 아름다운 영혼이고— 그래서 그들(히틀러, 할머니, 허스트, 자본가들, 프랑코, 데일리 뉴스, 1920년대, 무솔리니, 살아 있되 죽은 자들)은[51] 내가 입 다물기를 원하지— 부바는 거미줄 조직의 우두머리이고—'

나오미는 이디와 엘러너를 걷어차고— 자정에 이디를 깨워서 그녀가 스파이고 엘러너는 배신자라고 말했어요. 이디는 하루 종일 일했고 도저히 참을 수 없었죠— 그녀는 노조를 조직하고 있었거든요.— 그리고 엘러너는 위층 침대에서 죽어가고 있었고요.

친척들이 나에게 전화했어요, 그녀가 악화되고 있다고— 내가 남아 있는 유일한 사람이었어요— 나는 유진과 함께 지하철을 타고 그녀를 보러 갔죠, 그리고 상한 생선을 먹었어요—

'언니가 라디오에서 속삭여— 루이스가 분명 아파트에 있을 거야— 그의 어머니가 그에게 할 말을 알려주지— 거짓말쟁이들!— 나는 내 두 아이를 위해 요리했어— 나는 만돌린을 연주했다고—'

어젯밤 나이팅게일이 나를 깨웠네 / 모두가 고요한 어젯밤 / 황금 달빛 속에서 새가 노래했네 / 겨울 언덕 위에서.[52] 그녀는 그렇게 읊어댔어요.

나는 그녀를 문으로 밀치고선 소리쳤어요 '엘러너를 걷어차지 말라구!'— 그녀는 나를 노려보았죠— 경멸— 꺼져— 아들들이 그렇게 순진하고, 그렇게 멍청하다는 걸 믿을 수 없었던 거죠— '엘러너는 최악의 스파이야! 지령을 받고 있다니까!'

'—방에 도청 장치가 없다니까!'— 나는 그녀에게 소리치고 있었죠— 최후의 시도였어요. 유진은 침대에서 듣고 있었죠— 그 치명적인 엄마로부터 벗어나기 위해 그가 무엇을

할 수 있었겠어요— '엄마는 루이스와 몇 년째 떨어져 있잖아— 할머니는 너무 늙어서 걷지도 못해—'

그 순간 우리 모두는 동시에 살아 있었어요— 나와 유진과 나오미는 신화적인 친척집 방 안에서— 영원히 서로에게 소리치고 있었죠— 나는 컬럼비아 대학 재킷 걸치고, 그녀는 반쯤 벗고 있었어요. 나는 그녀 머리를 두드리듯 소리질렀고, 그녀는 라디오, 막대기, 히틀러— 온갖 환각을 보았죠— 그녀만의 우주를— 진짜라고 여겼어요— 그녀에겐 다른 곳으로 가는 길은 없었고— 나에게 닿는 길도— 미국도, 심지어 이 세계도 없었지요—

당신은 모든 이들처럼, 반 고흐처럼, 미친 해녀처럼,[53] 똑같이 마지막 파멸로 나갔어요— 천둥, 영혼, 번개를 향해! 난 당신 무덤을 봤어요! 오 기이한 나오미! 내 자신의— 갈라진 무덤도요! 슈마 이스라엘— 난 즈불 아브럼[54]— 당신은— 죽음 속에 있나요?

브롱크스 어둠 속 당신의 마지막 밤에— 나는 병원 통해 비밀경찰에게— 전화 걸었죠.

그들이 왔을 땐, 당신과 나뿐이었고, 당신은 내 귀에 대고 엘러너에게 소리치고 있었어요— 침대에서 거칠게 숨 쉬며, 점점 야위어가던 엘러너에게—

문 두드리는 소리에, 당신이 스파이 의심하며 깜짝 놀라던 것, 잊을 수 없을 거예요— 내 명예를 위해 법이 다가오고— 방으로 영원성이 들어오던 순간— 당신은 옷도 입지 않고 욕실로 달아났죠, 마지막 영웅적 운명을 거부하며 숨어버린 거예요—

배신당한 당신은, 내 눈을 노려보았죠— 최후의 광기 속— 경찰들은 엘러너의 망가진 심장을 걷어차던 당신의 발에서 나를 구했어요,

김벌스에서 일하다 지쳐 집의 고장 난 라디오로 돌아오는 이디에게— 곧 결혼하고 싶어서, 가난한 이혼이 필요했던 루이스에게— 125번가에 숨어서, 꿈꾸며, 검둥이들 상대로 조잡한 가구 보상 소송 걸고, 흑인 소녀들을 변호하던 유진에게 질러대는 당신의 목소리로부터 나를 구한 거예요—

욕실에서 항의하며— 당신은 자신이 제정신이라고 말했어요— 면 가운 걸치고, 새 신발 신고, 지갑과 신문 스크랩 챙기면서— 난 아니에요— 자신의 정직함을 주장했죠—

헛되이 립스틱으로 입술을 더 진짜처럼 만들려 했고, 거울 들여다보며 미친 게 자기인지 귀 따갑게 구는 경찰인지 확인하려 들었죠.

혹은 78세 할머니가 염탐하며— 정치범 납치 가방 들고 묘지 담장 넘는 것이— 자신의 환상인지— 아니면 자정에 분홍 잠옷 입고, 창밖 빈터 응시하다가, 브롱크스 벽에서 직접 본 것인지 확인하려 했어요—

아 로센보 애비뉴— 유령들 놀이터— 브롱크스의 마지막 스파이 아파트— 엘러너와 나오미의 마지막 집, 여기에서 이 공산주의 자매는 혁명에 실패했어요—

'좋아요— 코트 입으세요 부인— 갑시다— 차가 아래 대

기 중입니다— 어머니와 같이 경찰서로 가시겠어요?'

그러고선 차를 탔어요— 나오미의 손을 잡고, 그녀 머리를 내 가슴에 기대게 했지요, 내가 더 컸으니까요— 그녀에게 키스하고선 이게 최선이라고 말했어요— 엘러너는 아프고— 맥스는 심장 상태가 좋지 않아서— 그럴 필요가 있었다고요—

그녀는 나에게 물었죠— '왜 이런 일을 했니?'— '네 부인, 아드님이 한 시간 후에 떠나야 합니다'— 구급차가

몇 시간 후에 와서— 밤의 도심 어딘가에 있는 벨뷰 병원을 향해 새벽 4시에 출발했어요— 그녀는 영원히 병원으로 가버렸죠. 나는 끌려가는 그녀를 지켜봤어요— 그녀는 눈물 글썽이며, 손 흔들었어요.

나는 멕시코 여행 후 이 년 뒤 — 브렌트우드 근처 황량한 평원에서, 사용하지 않아 주변 덤불과 풀들로 무성해진 철도선로 따라 정신병원으로 갔어요—

벽돌로 된 20층짜리 새 중앙 건물은— 롱아일랜드 광기 마을 광활한 잔디 위에 외따로 서 있었죠— 광대한 달의 도시처럼 보였어요.

거대한 정신병원의 날개는, 사타구니를 통과하는 입구 같은— 작고 검은 구멍— 그 문으로 이어지는 길을 덮고 있었죠—

나는 안으로 들어갔어요— 이상한 냄새가 났어요— 다시 복도 지나— 엘리베이터 타고 올라가— 여성 병동 유리문 열

고— 나오미한테 갔어요— 하얀 옷 입은 풍만한 간호사 두 명이— 그녀를 데리고 나왔고, 나오미는 멍하니 쳐다봤어요— 숨이 막혔어요— 그녀는 뇌졸중을 앓았던 거예요—

그녀는 너무 야위고, 뼈만 남아 있었어요— 나오미도 나이 든 거예요— 이제 부석한 흰 머리칼로— 해골 같은 몸에 헐렁한 옷 걸치고— 얼굴은 움푹 파여, 늙어버렸죠! 시들어서— 할멈의 뺨이 돼버린 거예요—

한 손은 굳어버리고— 사십대와 갱년기의 몸무게가 한 번의 심장 발작으로 줄어들고, 이제 절룩거리고 있었죠— 주름살들— 머리에 남은 흉터, 전두엽 절제 흔적[55]— 폐허가 되어, 그 손은 죽음을 향해 아래로 처지고 있었죠—

오 러시아인의 얼굴로, 풀밭에 앉아 있는 여인이여, 당신의 길고 검은 머리는 꽃으로 장식되고, 무릎 위엔 만돌린이 놓여 있네요—

아름다운 공산주의자여, 여름날 데이지꽃 사이에서 결혼해 이곳으로 와서 앉으세요, 바로 손 닿는 곳에 약속된 행복이 있어요—

성스러운 어머니여, 이제 당신은 자신의 사랑을 향해 미소 짓고, 당신의 세계는 새롭게 태어나고, 아이들은 민들레 점점이 핀 들판에서 벌거벗고 뛰놀아요,

그들은 초원 끝 자두나무숲에서 밥 먹고선 백발의 흑인이 빗물통의 신비를 알려주는 오두막을 찾아내지요—

복된 딸이여 미국으로 오세요, 나는 전위적인 자연의 노

래에서, 당신 어머니의 음악 떠올리며, 당신 목소리 다시 듣고 싶어요—

오 자궁으로 날 낳아준 영광의 뮤즈여, 신비로운 첫 생명의 젖 먹이고 내게 말과 음악 가르쳐준 이여, 나는 당신의 고통받는 머리에서 처음으로 비전을 얻었어요—

두개골 두들겨 맞고 고문당한 저주받은 자의 광기 어린 환각들이 내 두개골에서 나를 몰아내어 영원을 찾게 만들어요— 오 그대, 시(詩)를 위해 평화를 찾을 때까지, 모든 인류를 위해 근원을 불러낼 때까지요

우주의 어머니인 죽음이여! 이제 영원히 당신의 벌거벗음을 입고, 머리엔 흰 꽃 달고서, 하늘 너머에서 결혼을 서약하세요— 어떤 혁명도 그 처녀성 파괴할 수 없을 거예요—

오 아름다운 내 카르마의 가르보여[56]— 1920년 이곳 근심 없는 캠프에서 찍은 모든 사진은 변하지 않을 거예요— 뉴어크의 모든 선생님과 함께— 엘러너도 사라지지 않을 것이고, 맥스도 자신의 유령 기다리지 않고 루이스도 고등학교에서 은퇴하지 않을 거예요—

돌아오세요! 당신! 나오미! 해골의 당신! 앙상한 불멸과 혁명이 다가와요— 작고 부서진 여인이— 병원 실내에서 창백해진 눈동자가, 회색 병동의 피부가—

'당신 스파이예요?' 나는 시큼한 냄새 나는 탁자에 앉았고, 눈에는 눈물이 고였어요— '당신 누구예요? 루이스가

보냈어요?— 전선들이—' 머리카락 속에 있다고, 자신의 머리 때리며 그녀가 말했죠— '나는 나쁜 여자가 아녜요 날 죽이지 말아요!— 천장에서 소리가 나요— 나는 두 아이를 키웠어요—'

나는 이 년 만에 그곳에 다시 간 거였어요— 나는 울기 시작했죠— 그녀는 빤히 쳐다보았어요— 간호사가 잠시 면회를 중단시켰어요— 나는 화장실에 들어가, 변기 옆 흰 벽에 기대어 숨었죠

'끔찍해' 나는 울었어요— 그녀를 다시 본다는 건— '끔찍해'— 그녀가 부패한 장례식에 죽어 있는 것처럼— '끔찍해!'

나는 돌아왔고 그녀는 더 소리 질렀죠— 그들이 그녀를 끌고 갔어요— '너는 앨런이 아니야—' 나는 그녀 얼굴을 보았어요— 하지만 그녀는 눈길도 주지 않고, 내 옆을 지나갔어요—

그녀는 병동 쪽 문 열고,— 뒤돌아보지 않고 들어갔고, 갑자기 조용해졌어요— 나는 멍하니 바라보았죠— 그녀는 늙어 보였어요— 무덤 문턱에 서 있는 듯— '모든 게 끔찍해!'

또 한 해 지나, 나는 뉴욕을 떠났어요— 서부 해안 버클리 오두막에서 그녀 영혼에 대해 상상했지요— 삶을 통해 그 몸 안에서 어떤 모습으로 존재했었나, 창백했었나 광적이었나, 기쁨 너머로 가버렸나—

죽음이 다가오던— 그 눈 속에— 그 모습 속에 있던 건 나의 사랑, 나오미, 여전히 지상에서의 내 어머니였죠— 나

는 그녀에게 긴 편지를 보내고— 미친 자들을 위한 찬가를 썼어요[57]— 자비로운 시(詩)의 주님이 하신 일이었어요.

그는 꺾인 풀을 다시 푸르게 하거나, 바위가 부서져 풀이 자라게 하거나— 태양이 한결같이 땅을 비추어— 모든 해바라기의 태양 되고 광채 나는 철교 위의 한낮 되고— 낡은 병원들 위에서도— 내 마당 위에서처럼 빛나는 존재가 되게 하지요—

샌프란시스코에서 돌아온 어느 날 밤, 오를로프스키는 내 방에 있었고— 웨일런은 평화롭게 의자에 앉아 있었어요[58]— 유진에게서 온 전보, 나오미가 죽었다는 소식—

나는 밖에 나가 차고 옆 덤불 아래 땅바닥으로 고개 숙였고— 그녀가 더 나아졌음을 알았어요—

마침내— 그녀가 더는 홀로 남겨져 이 땅을 바라보지 않아도 된다는 것을 알게 된 거죠— 아무도 없던, 2년간의 고독— 나이 육십 바라보던— 해골만 남은 노파— 한때 긴 머리였던 성서 속의 나오미[59]—

아니면 미국에서 울던 루스— 뉴어크에서 나이 먹은 레베카[60]— 지금은 예일대 변호사인, 자신의 하프를 기억하는 다윗

나 자신은— 즈불 아브럼— 이스라엘의 아브라함— 광야에서 하나님 향해 —그렇게 끝까지 노래하지요— 오 하나님!— 그녀가 죽고 나서 이틀 후 나는 그녀의 편지를 받았어요—

새롭고도 낯선 예언이었죠! 그녀는 이렇게 썼어요— '열

쇠가 창문에 있어, 열쇠는 창문 햇빛 속에 있어— 내가 열쇠를 가지고 있어— 결혼해 앨런 약물 하지 말고— 열쇠는 창살에 있어, 창문에 햇빛 속에.
　　　　　　　사랑하는
　　　　　　　　　너의 엄마가'

그게 바로 나오미였어요—

찬송가

그분이 자신의 뜻에 따라 창조하신 세상에서 축복받으소서 찬미받으소서

거룩한 분의 이름 높이고 기리고 찬양하오니 복되시도다 그분은!

뉴어크 집에서 복되시도다 그분은! 정신병원에서 복되시도다 그분은! 사망의 집에서 복되시도다 그분은!

동성애 속에서 복되시도다 그분은! 편집증 속에서 복되시도다 그분은! 도시에서 복되시도다 그분은! 경전 속에서 복되시도다 그분은!

그림자 속에 거하시는 그분[61] 복되시도다! 복되시도다 그분은! 복되시도다 그분은!

눈물 흘리는 당신 나오미 복되도다! 두려움 속 당신 나오미 복되도다! 병중에 복되도다 복되도다 복되도다!

병원에 있는 당신 나오미 복되도다! 고독 속 당신 나오미 복되도다! 당신의 승리 복되도다! 당신의 창살 복되도다! 당신 말년의 외로움 복되도다!

당신의 실패 복되도다! 당신의 발작 복되도다! 눈 감는 당신 복되도다! 당신의 여윈 뺨 복되도다! 당신의 시든 허벅지 복되도다!

죽음 속 그대 나오미 복되도다! 복되도다 죽음이여! 복되도다 죽음이여!

천국으로 모든 슬픔 이끄시는 그분 복되시도다! 끝에 계

신 그분 복되시도다!

어둠 속에 천국 세우시는 그분 복되시도다! 그분은 복되시도다 복되시도다 복되시도다! 복되시도다 그분은! 복되도다 우리 모두에게 깃드는 죽음이여!

III

  그녀가 뉴어크 영안실에서 싸구려 탄산음료 마시던 그 시작을 잊지 않았을 뿐입니다
  그녀의 우주 속 기다란 병동 회색 탁자에서 울고 있던 그녀를 보았을 뿐입니다
  문 앞 히틀러에 대한 기괴한 생각들, 그녀 머릿속 전선들, 그녀 등에 때려 박은
  세 개의 큰 막대기, 그녀의 추잡한 옛 성교를 30년 동안 천장에서 비명처럼 외쳐대는 목소리를 알았을 뿐입니다
  시간의 비약, 기억의 오류, 전쟁의 괴성, 거대한 전기 충격의 노호(怒號)와 침묵을 보았을 뿐입니다
  브롱크스 지붕 위로 달리는 고가철도를 조잡하게 그려대던 그녀
  리버사이드나 러시아에서 형제들 잃고, 홀로 롱아일랜드에서 마지막 편지 쓰던 그녀— 그리고 창가 햇빛에 비친 그녀 모습을 보았을 뿐입니다
  '열쇠는 창문 햇빛 속에 있어 창살에 있어 열쇠는 햇빛 속에 있어,'
  롱아일랜드의 해가 지고 바깥의 거대한 대서양이 자기 자신을 향한 존재의 위대한 부름으로 포효하던 어두운 밤
  철제 침대 뇌졸중 악몽으로 분열된 피조물에서 빠져나와— 병원 베개에 머리 누인 채 죽음을 맞이한 그녀
  마지막 한 번의 눈길— 온 지구와 영원의 빛 하나가 익숙

한 어둠 속으로 사라질 때— 눈물 없이 나타난 이 비전—

 열쇠는 남겨야 합니다— 창문에— 햇빛 속에— 살아 있는 자들을 위해—

 그들이 그 빛의 조각 손에 쥐고— 문을 돌려— 뒤돌아서

 우주 크기만 한, 병원 흰색 문 아치에 걸린 시계의 똑딱 크기만 한, 똑같은 크기의 무덤으로

 피조물이 반짝이며 다시 돌아가는 것 볼 수 있기 위해—

IV

오 어머니
내가 뭘 빠뜨렸을까요
오 어머니
내가 뭘 잊었을까요
오 어머니 안녕히 가세요
길고 검은 신발과 함께
안녕히
공산당과 찢어진 스타킹과 함께
안녕히
당신 가슴 혹 위에 난 여섯 가닥 진한 털과 함께
안녕히
당신의 낡은 드레스와 길고 검은 수염 덮인 질과 함께
안녕히
처진 뱃살과 함께
히틀러에 대한 공포와 함께
짧고 엉성하게 말하던 입과 함께
썩은 만돌린 같은 손가락과 함께
비대한 패터슨 현관 같은 팔과 함께
파업과 공장 굴뚝 같은 배와 함께
트로츠키와 스페인 내전[62] 턱과 함께
무너지고 깨어진 노동자들 위해 노래하던 목소리와 함께
형편없는 성교의 코와 함께 뉴어크 피클 냄새나는 코와

함께

　당신 눈과 함께

　당신의 러시아 눈과 함께

　당신의 돈 한 푼 없는 눈과 함께

　당신의 거짓된 중국 눈과 함께

　당신의 엘러너 이모 눈과 함께

　당신의 굶주린 인도 눈과 함께

　공원에서 오줌 싸는 당신 눈과 함께

　당신의 몰락하는 미국 눈과 함께

　피아노에서 실패한 당신 눈과 함께

　당신의 캘리포니아 친척들 눈과 함께

　구급차에서 죽어가는 마 레이니[63] 눈과 함께

　로봇에게 공격당하는 체코슬로바키아 눈과 함께[64]

　브롱크스 야간 미술 수업 들으러 가는 당신 눈과 함께

　화재 비상구에서 지평선 위로 보이는 살인자 할머니 눈과 함께

　벌거벗고 아파트 뛰쳐나가 비명 지르며 복도로 내달은 당신 눈과 함께

　경찰에 이끌려 구급차로 향하던 당신 눈과 함께

　수술대에 묶여 있던 당신 눈과 함께

　췌장 제거한 당신 눈과 함께

　맹장 수술한 당신 눈과 함께

　낙태한 당신 눈과 함께

　난소 제거한 당신 눈과 함께

충격받은 당신 눈과 함께
전두엽 절제술 받은 당신 눈과 함께
이혼한 당신 눈과 함께
뇌졸중 겪은 당신 눈과 함께
홀로 있는 당신 눈과 함께
당신 눈과 함께
당신 눈과 함께
꽃으로 가득한 당신 죽음과 함께

V

까악 까악 까악 까마귀들이 롱아일랜드 묘비 위 하얀 태양 속에서 날카롭게 소리칩니다[65]

주여 주여 주여 이 풀 아래 묻힌 나오미는 제 인생의 반이요 제 인생은 그녀의 인생이기도 합니다

까악 까악 제가 천사 안에 서 있는 바로 이 땅에 제 눈도 묻히게 하소서

주여 주여 모든 것 응시하며 검은 구름 속에 움직이는 위대한 눈이시여

까악 까악 흔들리는 나무들 위 하늘로 던져진 존재들의 기이한 울음

주여 주여 거대한 저 너머를 으깨버리는 자여 셰올의[66] 끝없는 들판에 제 목소리 울리나이다

까악 까악 발과 날개 찢고 나온 시간의 외침이 일순간 우주에 퍼지고

주여 주여 하늘엔 메아리 너덜대는 잎사귀 사이 바람 기억의 포효

까악 까악 모든 세월 나의 탄생 하나의 꿈 까악 까악 뉴욕 버스 망가진 신발 커다란 고등학교 까악 까악 주님의 모든 비전이여

주여 주여 주여 까악 까악 까악 주여 주여 주여 까악 까악 까악 주여

시 로켓[1]

Poem Rocket

'별을 비트는 자 되어라!'—그레고리 코르소[2]

오래된 달이여, 내 눈은 인간 발자국 찍힌 새로운 달이고
　더 이상 취한 강물에 비친 로미오의 슬픈 얼굴이나 미친 피에르의 눈썹 아니니, 엉뚱한 달이여
　오 하늘에 떠 있는 가능성의 달이여, 우리는 영원한 성운(星運)의 첫 번째 이름에 도달하고
　신이 가능하듯 모든 것이 가능하기에 또 다른 삶에 이르게 되리라.

달의 정치인들, 끝없이 울고 싸우는 지구,

할리우드 미치광이들이 소리쳐봐야 별 하나 흔들지 못한다
루마니아 석유 재벌들은 명왕성의 흐물대는 초록 외계인들과 비밀 거래한다—
토성에는 노예 수용소, 화성에는 쿠바혁명?[3]
나란히 놓인 옛 삶과 새 삶, 카톨릭 교회는 목성에서 그리스도 찾을까
모하메드는 천왕성에서 열심히 설교할까 둔감한 행성들이 부처를 받아들일까
아니면 해왕성에서 조로아스터교 사원이 꽃피는 걸 보게 될까?
죽어가는 교황의 머릿속에 온 우주에 펼칠 기괴하고 새로운 교회 구상 나타날까?
과학자만이 진정한 시인이다 그는 우리에게 달을 주고
별들을 약속하고 필요하다면 새로운 우주를 만들어줄 거다
오 아인슈타인, 당신에게 나의 불타는 원고 보내야 했었는데
오 아인슈타인, 당신의 백발로 성지순례 갔어야 했는데!

오 동료 여행자들이여, 나는 암스테르담에서 당신들에게 시를 쓴다
오래전 스피노자가 마법 렌즈 갈던[4] 그 우주에서
오래전부터 난 당신들에게 시를 써왔다

이미 죽음이 내 발을 씻었고

여기 나는 부드러운 종이 위 가늘고 검은 펜 자국 무늬 외엔

어떤 형체도 정체성도 없이 벌거벗었다

별이 별에게 말 걸듯 수많은 태양 광선 모두가 같은 생각의 무수한 빛줄기로

우주라는 하나의 울타리 안에 존재하는 이곳엔 휘트먼이[5] 있었고

블레이크의 셸리는 벽이 촘촘한 신전에서 눈먼 밀턴이 모든 걸 응시하고 사색하며 살아가는 걸 보았다[6]—

이제 마침내 나는 당신들에게 말할 수 있다, 미지의 달의 사랑하는 형제들에게

영원에 대한 플라톤적 공상 속 이런저런 모습으로 웅크리고 있는 진짜 당신들에게

내가 또 다른 별이라는 것을.

당신은 내 시를 먹을 것인가 읽을 것인가

아니면 알루미늄 덮개판 사용해 햇빛 들지 않는 페이지 보려 할 건가?

당신은 꿈을 꾸나 아니면 안테나 늘어뜨리고 무심히 정보 받아들여 번역하나?

당신의 꽃 같은 녹색 수용체 눈구멍으로 나를 이해할 수 있나? 당신에겐 신에 대한 비전이 있나?

수백만 개 태양에 둘러싸인 해바라기는 어느 방향으로 도나?

이것은 나의 로켓, 나만의 로켓이다, 나는 누군가가 나를 들어주길 바라며

내 메시지를 저 너머로 보낸다

나의 불멸성은

강철이나 코발트 현무암이나 다이아몬드 황금이나 수은의 불이 없고

여권도 서류 상자도 종잇조각도 탄두도 없고

궁극적으론 나 자신도 없는

순수한 사색이자

어느 곳에서건 항상 동일한 메시지이다

나는 내가 떠나보내는 로켓이 그걸 기다리는 어느 행성이건 착륙하길 바란다

가급적 돈 없고 종교적이면서 즐거운 행성이면 좋겠다

식물들이 (정중하게) 고대 물리학을 얘기하고 나무들이 시를 짓고

죽음이 영화를 보여주는 사차원 행성이면 좋겠다

우주의 위대한 두뇌가 앉아 자기의 황금 주머니에 시가 도착하길 기다리고

시가 다른 쪽지들, 짝사랑의 쪽지들, 사랑의 한숨, 고운 소리의 불평, 절망적 비명, 그리고 무수한 개구리들의 말로 표현되지 못하는 생각들과 함께하는 곳이 마지막에 도착하는 행성이면 좋겠다

나는 내 머리카락 내 정자 내 몸의 세포보다 놀라운,

우주만큼 동시적으로 또 빛보다 빠르게 내 욕망과 함께

시 로켓

날아올라 질주하는 생각보다
　더 놀라운 화학물질 실은 내 로켓을 당신에게 보낸다
　그리고 다른 모든 질문 마무리 않고 잠시 남겨둔 채 어두운 지구의 내 침대로 잠자러 돌아간다.

유럽! 유럽![1]
Europe! Europe!

세계 세계 세계
나는 내 방에 앉아
미래를 상상한다
파리엔 햇빛 내리쬐고
나는 혼자다 아무도
완벽하게 사랑하진 못한다
인간은 미친 존재
인간의 사랑은 완벽하지 않다
나는 충분히 울지 않았다
죽을 때까지 가슴이
무거울 거다 도시들은
전쟁으로 흔들리는
유령들 도시들은
노동이자 벽돌이자 철
런던에선 자아의 용광로에서
나오는 연기가 눈물 없는
눈을 뻘겋게 만들지만
어떤 눈도 태양을 만나진 못한다

하늘에서 번쩍댄 빛이

런던 거리에서
마지막 노란 광선
몸 기울여 받아내는
비버브룩 경의[2] 단단한 신문사
하얀 현대식 건물을 친다
노부인들이 멍하니
안개 너머 하늘나라 응시한다
창턱에 놓인 초라한 그릇
서리를 바라보는 팬지꽃
트라팔가 분수가[3]
따뜻한 정오 비둘기에게 튄다
나는 세인트 폴 대성당 둥근 지붕[4] 위에서
런던 위로 내리는 빛 바라보며
끝없는 황홀경 속에 환하게 미소 짓거나
여기 파리의 침대에서
높은 유리창으로 들어와
석고벽에 어리는 햇빛을 지켜본다

온순한 군중은 지하에 있고
성자들은 사라져 비열한 자들만 남았다
가스등과 네온 불빛 아래
거리의 여자들은 사랑 없는 만남 이어간다
집 안의 어떤 여자도
남편과 꽃처럼 하나 되어 사랑하지 않고

어떤 소년도 다른 소년을
부드러운 가슴으로 불꽃 정치하며 사랑하지 않는다
전기가 시내를 협박하고
라디오는 끈질기게 돈을 요구한다
텔레비전 스크린 위 경찰 불빛이
빈방의 희미한 등불을 비웃는다
폭탄 터져 탱크들 부서지고
인간의 기쁨에 대한 어떤 꿈도
영화로 만들어지지 않는다
생각의 공장은 쓰레기 자동차들
에로스의 양철 꿈을 밀어낸다
마음은 엽기적 굶주림 속에
자신의 살을 먹어버린다
어떤 인간의 섹스도 거룩하지 않다
인간의 일 대부분이 전쟁이기에

앙상한 중국은 굶주려
권력의 댐을 세뇌로 덮친다
미국은 냉장고에
미친 고기 숨기고 영국은
너무 오래 예루살렘 요리하고
프랑스는 아프리카에서 오일과
죽은 팔다리 샐러드 먹는다
시끄러운 입이 아라비아 삼키고

검둥이와 흰둥이가
황금 결합에 맞서 싸운다
러시아 제조업은 수백만을
먹여 살리지만 어떤 주정뱅이도
마야콥스키의 자살
기계 위로 뜬 무지개 그리고 태양에게
말대꾸하는 것 꿈꾸지 못한다

불볕과 허니 되고픈
욕망의 상징인 오래된 빨간 속옷
입고서 나는 홀로 유럽에서
침대에 누워 있다 그러나
인간의 사랑은 완전하지 않다
백 년 전 한때
보들레르에게 그러했듯
이월에 비가 내린다
비행기가 공중에서 으르렁대고
차들은 거리에서 질주한다
나는 그들이 어디로 가는지 안다
죽음으로 달려가지만 괜찮다
생명 이전에 죽음이 오기에
괜찮다 어떤 사람도
완벽하게 사랑하지 못하고
아무도 때맞춰 축복받지 못한다

새로운 인류는 태어나지 않았기에
나는 이렇게 오랫동안 울며
천년왕국을 예언한다 왜냐면
나는 도버해협 해안 절벽 위[5]
거대한 구름으로부터 대서양 태양의
서광이 쏟아지는 것 보았기 때문이다
빛나는 구름 아래 바다에선
개미 크기만 한 유조선이 움직이고
무수한 영국 들판의 개미들에게로
무한의 한순간 받아먹기 위해 위로 구부린
해바라기들에게로 흘러가는
끝없는 햇빛 사다리 따라
영원 속에서 갈매기들이
날아가는 것 보았기 때문이다
지중해 무지개 속으로
뛰어오르는 황금빛 돌고래들
안데스산맥의 흰 연기와 수증기
반짝이는 아시아의 강
텅 빈 무덤 흩어진 산허리에서
외로이 아폴로[6] 광휘 속에 잠겨 있는
눈먼 시인들 보았기 때문이다

린지에게[1]
To Lindsay

베이철, 별들이 나왔어요
콜로라도 도로에 황혼이 지네요
자동차 한 대가 평원 가로질러 천천히 기어가고
희미한 빛 속에 라디오에선 요란스레 재즈가 흘러나와요
상심한 외뿐 윈은 또 다른 담배에 불붙이고
나는 또 다른 도시의 벽 위로
27년 전 드리워진 당신 그림자를 봅니다
당신은 침대 위에 멜빵바지 입고 앉아 있어요
그림자의 손이 라이솔[2] 병을 머리로 들어 올리자
당신의 그늘이 바닥으로 떨어집니다

메시지
Message

    우린 함께 변하고
    동침하고 뒤엉키고 애쓰고
    울고 오줌 쌌기에
    아침에 일어날 때
    내 눈엔 꿈이 남아 있어
    그러나 넌 가버리고 뉴욕에서
    날 기억하겠지 좋아
    널 사랑해 너를 사랑해
    그런데 네 형제들은 미쳤어
    그들이 취했던 사정도 받아들일게
난 너무 오랫동안 혼자였어
난 너무 오랫동안 무릎 만져주는 사람
하나 없이 침대에서 일어났어, 남자든
여자든 더 이상 상관 안 해, 난 사랑을 원해
난 그렇게 태어났어 네가 지금 옆에 있으면 좋겠어
대서양 위로 끓어오르는 대양 쾌속선들
미완성 고층 빌딩의 섬세한 강철 구조물
레이크허스트[1] 위에서 으르렁대는 비행선의 뒤 꽁지
빨간 무대에서 함께 알몸으로 춤추는 여섯 여자
이제 파리의 모든 나뭇잎이 푸르러

난 두 달 후 집에 돌아가 네 눈 바라볼 거야

로즈 고모에게
To Aunt Rose

로즈 고모— 이제— 당신의
야윈 얼굴과 튀어나온 앞니 미소와 류머티즘 통증을
    다시 볼 수 있을까요— 그리고 파티가 열려
        내가 높고 삐걱대는 목소리로
스페인 공화파[1] 노래 부르고
    핵심 인물들은 (흥분하며) 그 노래를 듣고
      당신은 절뚝절뚝 방 돌며
           돈 모으던
   그 휴게실의 검은 그랜드 피아노 지나
    뉴어크 긴 복도 따라 카펫 위에서 절뚝대던
      앙상한 당신의 왼쪽 다리에 걸친
    길고 까맣고 무거웠던 신발
    다시 볼 수 있을까요—
허니 이모, 샘 아저씨, 그리고 젊고 커다란 대머리에
    팔걸이 붕대를 주머니에 꽂은
      에이브러햄 링컨 대대 출신
        낯선 사람도 볼 수 있을까요

— 당신의 길고 슬픈 얼굴
    성적 좌절의 눈물

           (오즈본 테러스의² 베개로 덮어버린
              흐느낌과 앙상한 엉덩이)
— 벌거벗은 나를 변기에 세우고
   옻나무 독 땜에 당신이 내 허벅지에
      캘러마인 가루³ 발라주던 때— 나의 부드럽고
         부끄럽던 첫 검은 곱슬 음모(陰毛)
당신은 그때 내가 이미 남자라는 걸 알고서
   비밀스런 가슴으로 무슨 생각 했었나요—
그리고 닌 가죽의 묶이 속 아무것도 모르는 소녀였고—
뉴어크 박물관 화장실에서
   얇은 받침대 같은 다리로 서 있었죠.

           로즈 고모
히틀러는 죽었고, 히틀러는 영원 속에 있고, 히틀러는
   탬버레인과⁴ 에밀리 브론테와 함께 있어요

그래도 난 당신이 여전히 오즈본 테러스의 유령처럼
   길고 어두운 복도 따라 현관문으로 걸어가
      여윈 미소 띠면서 약간 절뚝거리며
      옛날에 분명히 꽃무늬 비단 드레스였던
            옷을 입고
뉴어크 방문한 시인 아빠 환영하던 게 보여요
   — 당신이 거실에 도착해
         불구인 다리로 춤추고 손뼉치면서

리버라이트에서[5] 아빠 원고 받아들였다고
기뻐하던 게 보여요

히틀러는 죽었고 리버라이트는 폐업했어요
『과거의 다락방』과 『영원한 순간』은 절판되었죠[6]
해리 삼촌은 마지막 비단 스타킹 팔았고
클레어는 해석 무용 학교[7] 그만두었어요
부바는 새로운 아기들에게 눈 깜빡이며
노인 요양원의 주름진 기념비 되어 앉아 있죠

내가 마지막으로 당신 본 곳은 병원이었어요
잿빛 피부 아래 창백한 두개골 비어져 나와
파란 핏줄 드러내며 의식 잃고 누운
산소 텐트 속 소녀였지요
스페인 내전은 오래전에 끝났어요
로즈 고모

아폴리네르의 무덤에서[1]
At Apollinare's Grave

"…여기 지식으로 인해
죽지 않고 미래를 알게 되는
그때가 왔다"[2]

I

성대한 국가 정상회의차 미국 내통령이 프랑스에 나타난 날
나는 아폴리네르의 유해 보러 페르 라셰즈를[3] 찾았다
아이젠하워는 봄날 청명한 파리 상공의 공기 가르며
미국 묘지로부터 푸른 오를리 공항으로 날아왔다
개구리 득실대는 페르 라셰즈 무덤 위에 환영 같은 안개가 마리화나 연기처럼 짙게 서릴 때
피터 오를로프스키와[4] 나는 조용히 페르 라셰즈 걸어가며 언젠가 우리도 죽으리란 걸 알고서
잠시 부드럽게 손잡고 축소판 도시 같은 영원성 속에서
길과 도로 표지 바위와 언덕과 모든 묘지에 적힌 이름들 속에서
공허로 유명한 그 프랑스인의 잃어버린 주소를 찾았다
무력하게 서 있는 그의 돌에[5] 경의를 표하고 애틋한 우행(愚行)으로서

나의 울부짖음 임시본을[6] 그의 고요한 칼리그람 위에 얹어 놓고

그가 기적처럼 센강에서 자신의 죽음에 대한 시를 읽었던 것처럼

시인의 엑스레이 눈으로 내 시의 행간을 읽게 해주고 싶었다

나는 어떤 어리고 열광적인 수도자가 하늘나라 추운 겨울밤마다 신이 나에게 읽어줄 수 있게끔 내 무덤에 자신의 작은 책 놓아주길 바란다

우리의 손은 이미 그곳을 떠나 지금 내 손은 파리의 지트 르 쾨르[7] 방에서 글을 쓰고 있다

아 윌리엄[8] 당신 머리엔 어떤 결기가 있었으며 죽음은 또 무엇인가

나는 묘지 곳곳을 걸어 다녔지만 여전히 당신 무덤 찾지 못했다

당신 시에서 환상적 두개골 붕대란 대체 무슨 뜻인가

오 근엄하게 썩어가는 해골이여 당신이 할 말은 아무것도 없고 있다 해도 거의 대답이라 할 수 없다

우주는 어떤 짓이라도 할 수 있을 만큼 충분히 거대한 무덤이지만 6피트 무덤 속으로 자동차를 끌고 갈 순 없다

우주는 묘지이다 그리고 나는 아폴리네르가 50년 전 같은 거리에 있었다는 걸 알기에

이곳에서 혼자 걸어 다닌다

모퉁이만 돌면 그의 광기가 있고 주네는⁹ 책 훔치며 우리와 함께 있다

서구는 다시 전쟁 중이고 그 확실한 자살이 모든 걸 바로잡을 것이다

기욤 기욤 나는 당신의 명성 미국 문학에 끼친 당신 업적이 얼마나 부러운지

나는 미친 듯 죽음에 대한 헛소리 길게 이어가는 당신의 「구역」이¹⁰

무덤에서 나와 내 마음의 문에 기대어 말해주기를

대양의 하이쿠 모스크바의 파란 택시 흑인 부처 동상 같은 일련의 새로운 이미지 분출해주기를

길고 애잔한 목소리와 1차세계대전처럼 직직대는 깊고 감미롭고 슬픈 음악의 절(節)로

당신이 살던 시절 축음기 음반 위에서 날 위해 기도해주길 바란다

나는 당신이 무덤에서 보내준 파란 당근과 반 고흐의 귀와 아르토의 광기 어린 환각제를 먹었기에¹¹

프랑스 시(詩)의 검은 망토 걸치고 뉴욕의 거리 걸어볼 것이다

파리 페르 라셰즈에서 우리가 나눈 대화 즉석에서 떠올리며

당신 무덤으로 흘러드는 빛에서 영감 얻어 미래의 시 써볼 것이다

II

오 다정한 망령이여 나는 여기 파리에선 당신의 손님
지금은 사라진 막스 자코브의 손[12]
나에게 지중해 그림물감 건네주는 젊은 시절의 피카소
알제리 교과서에 나오는 바토 라부아르의 법석대는 멋진 파티[13]
루소의 옛 붉은 연회에서 나는 그의 바이올린을 먹고[14]
불로뉴 숲의 차라는 뻐꾸기 기관총의 연금술을 설명해준다[15]
그는 보라색 넥타이와 검은 바지 잘 차려입고
스웨덴어로 나를 통역하면서 눈물 흘린다
그의 얼굴에서 이끼처럼 돋아난 감미로운 자줏빛 수염이 무정부주의 벽에 드리운다
그는 언젠가 황금빛 콧수염 다듬는 걸 도와준
앙드레 브르통과의 말다툼을 끝도 없이 얘기했다
늙은 블레즈 상드라르는[16] 자신의 서재에서 나를 맞이해 지친 목소리로 광활한 시베리아에 대해 말해주었다
자크 바셰는[17] 날 초대해 그가 수집한 끔찍한 권총들을 보여주었다
가엾은 콕토는 한때 경이로웠던 라디게 때문에 슬펐고[18]
나는 그의 마지막 생각에 이르자 기절하고 말았다
리고는[19] 죽음에게 띄우는 자기 소개서를 지니고 있었다
지드는[20] 전화기와 다른 놀라운 발명품들을 칭찬했고

우리는 원칙적으로 동의했으며 그는 라벤더 속옷에 대해 수다 떨었다

그러나 그럼에도 그는 휘트먼의 풀을 깊이 들이켰고 이름이 콜로라도인 모든 연인들에게 매료되었다

미국의 왕자들은 포탄 파편과 야구공을 잔뜩 안고 도착했다

오 기욤 그토록 싸우기 쉬운 세상은 너무도 쉽게 보였다

당신은 위대한 정치적 고전주의자들이 그들의 이마 푸르세 찡긱힐

예언의 월계수 가지 하나 없이 몽파르나스를[21] 침공하리란 걸 알고 있었나

그들의 베개에 푸른 맥박 하나 남기지 않고 전쟁으로 잎사귀 하나 남기지 않은 채— 마야콥스키가 도착해 반란을 일으키리란 걸

III

돌아가 무덤에 앉아 당신의 거친 선돌을
미완성 남근 같은 얇은 화강암 판을 바라보았다
희미한 십자가와 두 편의 시가 돌에 새겨져 있었다 한 편은 "뒤집힌 가슴"[22]

다른 한 편은 "내가 예언하는 이 경이로운 일에 나처럼 그대들도 익숙해지길"[23] 기욤 아폴리네르 드 코스트로비츠키

누군가 국화와 5센트 10센트 동전으로 채운 잼 병과 초현실주의 타자수의 도자기 장미를 놓아두었다
꽃들과 "뒤집힌 가슴"으로 행복한 작은 무덤이었다
나는 이끼 곱게 낀 나무 아래 구불구불한 나무줄기에 앉았다
아무도 없이 여름 나뭇가지와 잎들만이 선돌 위로 우산처럼 펼쳐 있던 그곳
"그리고 어떤 음산한 목소리가 울부짖네, 기욤 당신은 무엇이 되었는가"[24]
그의 이웃인 나무 한 그루
그 아래엔 교차된 뼈와 노란 두개골이 쌓여 있으리라
그리고 내 주머니엔 인쇄된 『알코올』 시집이[25] 박물관에는 그의 목소리가 남아 있다
이제 중년의 발걸음이 자갈 위를 걷는다
한 남자가 그 이름을 응시하다 화장터 건물로 향한다
전쟁 중 리비에라의[26] 지중해 나날과 똑같은 하늘이 구름 사이로 흘러간다

그는 사랑에 빠져 아폴로를 마시고 가끔 아편을 먹으며 빛을 품었다
그가 영면하자 생 제르맹에 충격이 일었고 자코브와 피카소는 어둠 속에서 기침했다
붕대를 풀자 침대엔 조용히 두개골이 남겨지고 땅딸막한 손가락들은 펴지고 신비와 자아는 사라졌다

거리 아래 첨탑에서 종이 울리고 밤나무에선 새들이 지저귄다

브레몽 가족이 근처에 잠들어 있고[27] 그들 무덤 안에는 가슴 크고 관능적인 그리스도가 걸려 있다

내 무릎에선 담배 연기 피어오르고 연기와 불꽃이 페이지를 메운다

개미 한 마리가 내 코듀로이 소매 위로 달리고 내가 기댄 나무는 천천히 자라난다

넝쿨과 나뭇가지들이 무덤 사이에서 돋아난다 비단 같은 거미줄 한 가닥 화강암 위에서 반짝인다

나는 여기에 묻혀 나무 아래 내 무덤 옆에 앉아 있다

진짜 사자[1]
The Lion for Real

"사색하는 우상이여, 나를 위해 침묵해다오…"[2]

집에 돌아오니 거실에 사자 한 마리가 있었어
난 화재 비상구로 달려가며 소리쳤지 사자야! 사자!
속기사 두 명이 갈색 머리 쥐어뜯고선 창문을 쾅 닫았어
난 급히 패터슨으로 돌아가 이틀을 머물렀지.

마리화나 피웠다고 나를 치료하다 쫓아낸
옛 라이키언[3] 정신분석가에게 전화했어
'그게 말이죠' 나는 헐떡였지 '내 방에 사자가 있어요'
'얘기할 가치도 없군요' 그는 전화를 끊어버렸어.

난 옛 남자친구에게 갔어 우리는 그의 여자친구와 함께 술에 취했지
난 그에게 입맞추곤 미쳐 번득이는 사자가 내 눈 안에 있다고 말했어
우린 바닥에서 싸우게 되었고 난 그의 눈썹 깨물고 그는 나를 쫓아냈지
난 결국 '사자'라고 신음하며 거리에 주차한 그의 지프에서 자위했어.

난 소설가 친구 조이를 찾아가 '사자!'라고 소리쳤지

그는 나를 흥미롭게 바라보며 즉흥적으로 자신의 귀한 이그누[4] 시를 읊어주었어

난 사자 얘기 들어볼까 귀 기울였지만 들은 거라곤 코끼리 티글론 히포그리프[5] 유니콘 개미뿐이었지

그래도 우리가 이그누식 지혜의 욕실에서 하나 되었을 때 난 그가 정말로 날 이해한다고 느꼈어.

하시민 다음 날 그는 스모키 산맥[6] 산장에서 내게 잎사귀 하나를 띄웠어

'나는 섬세한 금빛 사자와 함께 있는 너 귀여운 얼뜨기를 사랑해

그러나 자아도 없고 창살도 없기에 너의 사랑하는 아버지 동물원엔 사자도 없어

넌 네 엄마가 미쳤다고 했어 내가 너에게 괴물 신랑 되어 주리라 기대하지 마.'

혼란스럽고 멍하면서도 흥분한 나는 굶주리고 악취 나는 할렘의[7] 진짜 사자를 떠올렸어

문을 열자 방 안엔 그의 분노가 잔뜩 폭발해 있었지

그는 굶주려 석고벽을 향해 으르렁댔지만 창문 너머 밖에선 아무도 들을 수 없었어

먹먹한 고요함 속에 서 있는 이웃 아파트 붉은 건물 모서리가 내 눈에 비쳤어

우리는 서로를 바라보았지 그의 가차 없는 노란 눈이 붉은 털 후광 속에 빛났어

내 눈이 눈물로 흐릿해지자 그는 포효를 멈추고 송곳니 드러내며 인사했지.

나는 등 돌려 쇠로 만든 가스난로에서 저녁 식사로 브로콜리를 요리하고선

물 끓여 싱크대 아래 낡은 욕조에서 뜨겁게 목욕했어.

그는 날 먹지 않았고 나는 그가 내 앞에서 굶주리는 것이 안타까웠지

그다음 주에 그는 뼈만 남아 병든 양탄자처럼 야위어갔어 밀 빛깔의 털은 빠져나가고

분노하여 충혈된 눈으로 아프고 커다란 털북숭이 머리를 앞발에 얹고 누워 있었지

그 옆에는 플라톤과 부처의 얇은 책들로 채워진 계란 상자 책장이 놓여 있었어.

난 매일 밤 그의 곁에 앉아 그의 굶주리고 너덜거리는 얼굴에서 시선을 돌렸어

내가 먹기를 그치자 그는 점점 더 약해지더니 밤마다 으르렁댔어 난 악몽 속에서

우주 대학 서점에서 사자에게 잡아먹히거나, 사자가 된 내가 칸디스키 교수 땜에 굶주리거나, 떠돌이 사자 서커스에서 죽어갔지,

아침에 깨어나면 사자는 여전히 바닥에서 죽어가고 있었어— '끔찍한 존재!' 난 울부짖었어 '날 먹어치우든지 죽어버리든지!'

그날 오후 사자가 일어나— 벽에 발을 얹고 떨리는 몸 지탱하며 문으로 걸어갔어
헤아릴 수 없이 깊은 그의 입천장에선 영혼을 찢는 신음 소리가 났지
그 소리는 내 방바닥에서 하늘까지 밤의 멕시코 화산보다 더 묵직하게 천둥 쳤어
사자는 문을 밀어 열면서 거친 목소리로 일했지 "녀석 이번엔 아니지만— 다시 돌아올 거야."

십 년간 여태껏 내 마음 먹어치운 사자여 난 그대의 배고픔만 알 뿐
만족의 기쁨은 모르니 오 우주의 울부짖음이여 어떻게 절 선택하였나이까
저는 이생에서 당신의 언약 들었고 죽을 준비 되어 있습니다
당신의 굶주리고 오랜 현존 섬겨왔으니 오 주여 저는 제 방에서 당신 자비만을 기다리렵니다.

이그누[1]
Ignu

　게다가 당신이 나를 안다면 나는 당신을 이그누라 말하겠어요
　이그누는 세상에 대해 아무것도 몰라요
　공장을 소유하거나 노동 의욕을 고취하거나 심지어 생산 관리를 할 때조차 이그누는 공장에 대해 아는 게 하나도 없어요
　W. C. 필즈와 하포 마르크스가[2] 이그누였고 휘트먼도 이그누였지요
　랭보는 소년 바지 입은 타고난 이그누죠
　이그누는 동성애자일 수도 있어요 종류는 다르지만 색다른 전율 위해 대천사를 빨기도 하지요
　영지주의[3] 여인들은 이그누를 사랑해요 그리스도는 많은 죽은 아줌마들 위해 전율 이는 정액으로 넘쳐흐르지요
　이그누는 위대한 바람둥이예요 그는 대부분의 아름다운 소녀들을 숭배하죠
　깜찍한 할리우드 여자들 아이다호주의 외로운 메리들 다리 긴 홍보 여성들 비밀스런 주부들은
　또 다른 생에서 이그누를 알았고 그들의 연인을 기억하지요
　남편들 또한 친구 같은 이그누에게 남몰래 마음을 써요

오랜 우정은 불륜이건 바보짓이건 술에 취하건 떨릴 듯 행복하기만 하다면 어떤 것이건 하게 만들죠

이그누는 단 한 번 그러면서도 영원히 살며 그것을 알고 있어요

그는 모두의 침대에서 잠자고 모두가 외로워서 이그누를 그리워하죠 이그누는 일찌감치 고독을 알았어요

그래서 이그누는 성기도 마음도 원시인이지요

이그누는 까다로운 학술서 쓰고 개인적 형이상학을 요약하는 것과 마찬가지로

달을 할퀴는 이미지나 번개섬광-부싯돌불꽃 벌거벗은 점심 튀긴 신발 이별의 왕을 써내려가죠

천사의 그림자가 반대 방향으로 흔들리네요

눈을 뜬 지능이 전화기를 이상한 동물로 바꿔버려요

그는 신비로운 가위로 싹둑 싹둑 싹둑 장미 정원을 공격하지요

이그누는 긴 우울로 파크 애비뉴를[4] 그렸어요

그리고 이그누는 대머리로 파리의 시커먼 호텔 허물어지는 방 딱딱한 의자에 앉아 차를 마시며 낄낄대지요

이그누는 헝클어진 머리로 콜로세움 지나가며 눈물 흘리고

키츠 무덤에선 클로버를 셸리 무덤에선 한 가닥 풀을 뽑지요[5]

코울리지를[6] 알기에 한밤 런던 마호가니 탁자에 앉아 천천히 늘어지게 대화 나눴어요

비 내리는 겨울 골목길 방 밖은 안개 자욱하고 마차꾼은

손을 불며 몸 녹이고 있었고요

찰스 디킨스가 태어날 때 이그누는 아기 울음을 듣지요

이그누는 밤마다 다리 밑에서 빈둥거리며 전함들을 비웃어요

이그누는 대포 없는 전함이에요 북해에서 길 잃은 순간이 생생히 살아나요

그는 지리를 알고 있죠 그는 이미 전에 그곳에 있었고 이제 나가서 죽을 거예요

애수 어린 아라비아 농담 하며 콧노래 부르는 턱수염 난 유대인으로 다시 태어날 거예요

이마엔 별을 두개골 위엔 후광 두른 남자 되어

음악을 듣고 행복하게 떨어지는 잎새 묵상하고 불멸의 달빛 서린 머리카락으로

수피[7] 궁정의 가장 우아한 동지 되어 가장 섬세한 매너로 탁자들을 오가겠지만

그는 거기에 있는 대신

황도대 푸른 소매와 길고 뾰족한 마술사 원뿔 모자 쓰고

한밤중 붉은 별 아래 우물의 침묵에 귀 기울이지요

그는 록펠러 센터[8] 로비에서 맨눈으로 주의 깊고 정중하고 바지를 입든 입지 않든 열정적으로

마치 우울한 유대인과 신성한 백인 때문에 괴로워하는 흑인처럼 재즈를 듣지요

이그누는 자연인이에요 택시 요금 낼 때 그의 멍한 표정에서 그걸 알 수 있어요

그는 성스러운 지폐 뭉치에서 불가능해 보이는 돈을 빼내거나

존경하는 낯선 버스 기사에게 건네려고 사라져가는 동전을 세지요

이그누는 당신을 찾아다녀요 그는 신을 찾는 사람이거든요

그리고 신은 그를 위해 십 년에 한 번씩 세상을 무너뜨리지요

그는 하늘이 파랄 때 텅 빈 대낮의 번개 섬광을 봐요

그는 할렘의 방에서 육신 없는 블레이크 목소리가 해바라기 낭송하는 걸 듣지요[9]

칠십만 명 미친 학자들에게 둘러싸여도 그에겐 화가 미치지 않아요 그의 소매에선 나방들이 날아 나오지요

그는 죽고 싶고 포기하고 싶고 미치고 싶고 영원으로 돌진하고 싶어 해요

살아남아 늙은 성자 가르치거나 눈썹 찌푸린 광대로 무너지길 바라는 거죠

모든 이그누들은 잠깐의 대화로 서로를 알아보고 단번에 서로를 가늠해요

평생의 친구로서 대륙 가로질러 낭만적으로 윙크하며 낄낄대거나

택시 요금 내고 작별 인사 후 서둘러 주택가로 향하는 슬픈 순간을 맞기도 하죠

무리 속에서 굴하지 않는 이그누 한두 명

멜빵바지 입고 웃는 승려 한 명

달걀 컵에다 달걀 깨며 즐거워하는 한 명

음악에 맞춰 껌 씹으며 밤새 로큰롤 즐기는 한 명

페텐 열대우림[10] 속 뻐꾹뻐꾹 인류학자 한 명

일년 내내 감옥에 앉아 업보 경마에 내기 거는 한 명

이스트 브로드웨이에서 소녀들 쫓다 공포 영화 보게 된 한 명

바지에서 시든 포도와 썩은 양파 꺼내는 한 명

한 명은 방문객들 웃기려 침대 밑에 암산양 넣고 벽에 자기 똥 처덕처덕 바르고

전갈 위스키 하늘 기타 등등 모으며 찾을 수 있다면 달도 훔치려 하지요

그렇게 미국에 불 지를 순 있지만 이 중 어느 것도 이그누를 만들진 못해요

이그누를 만드는 건 영혼이에요 부드러운 생각의 폭죽이면서

낯선 도시에서 오랜 친구에게 보내는 편지 우정이자

이방의 침대에서 맞는 아침의 새로운 빛이지요

개별 존재의 희극과 그 지저분한 신성인 거죠

엘리엇은[11] 먹을 때 재미있는 몇 안 되는 이그누 중 한 명일 거예요

패터슨의 윌리엄스는[12] 죽어가는 미국의 이그누

버로우즈는[13] 가장 순수한 이그누죠 그의 머리는 크림 모양이고 왼쪽 새끼손가락은

일찌감치 이그누라서 잘려 나갔죠 정신분석가와 함께 형

이상학 주문(呪文)과 사랑 주문 외우는

폐기물 같은 그의 존재가 백만 달러 이상의 성취예요

셀린[14] 자신은 노련한 산문의 이그누

나는 파리에서 그를 보았어요 거친 말투의 더러운 노신사였죠

긴 머리에 기침하며 목에 벌레 먹은 스웨터 세 겹 두르고

역사적 손톱 밑엔 갈색 곰팡이가 피어 있었죠

침몰하는 배에서 1,400명 승객에게 밤새 모르핀 투여한 순수한 천재였죠

'왜냐면 다들 감정이 북받쳐 올랐기 때문이야'

당신을 깜짝 놀라게 하는 이가 이그누예요

외국우편 국내우편 전보 전화 거리에서의 비난 혹은 내 창문 긁어서라도 나와 이야기해요

당신이 진정으로 신호 보내면 특별우편으로 답장할게요

죽음이란 편지는 절대 보내지 않을 거예요

우표 단어 동전 상처 감옥 계절 달콤한 야망 웃음 가스에서 태어난 지식

금빛 후광 두른 역사와 바다 그림 찍은 사진들 밝은 창가의 천상계 소음

검은 구름 속 하나의 눈

그리고 터키 버스 창문에서 본 모래 평원의 외로운 독수리

이건 속임수가 틀림없어요. 시와 자비라는 손에 든 두 개의 다이아몬드는

우리가 꿈꿨다는 증거예요 나는 여섯 살 때 내 바지에 걸

려 넘어졌던 것처럼

  지성의 기다란 칼에 걸려 끝도 없이 넘어져요— 당황스럽게도 말이죠.

반 고흐 귀에 죽음을[1]
Death to Van Gogh's Ear!

시인은 사제이다
돈이 미국의 영혼을 계산했고
의회는 영원의 벼랑 끝을 넘어섰다
대통령은 캔저스주에서 러시아를 토해내고 뒤엎을 전쟁 기계 만들었다[2]
미쳐버린 상원은 더 이상 아내와 잠자지 않고 미국의 세기를 배신한다
프랑코가 휘트먼의 요정 같은 아들 로르카를[3] 죽이고
마야콥스키가 러시아를 피하려 자살한 것처럼
고귀한 플라톤주의자 하트 크레인은[4] 어긋나버린 미국에서 꺼지려 자살했다
인도가 굶주리고 비명 지르며 비에 흠뻑 젖은 미친개들 먹어대는 동안
백악관 지하 비밀 동굴에선 수백만 톤 인류의 밀이 불태워졌고
의회 복도에선 산더미 같은 달걀이 하얀 가루로 변해버렸다
신을 두려워하는 사람이라면 썩은 미국 달걀 악취 땜에 다신 그곳을 걷지 않으리라
치아파스 인디언들은[5] 비타민 없는 토르티야를 계속 갉

아 먹고

호주 원주민들은 아마도 달걀 없는 황무지에서 횡설수설할 것이다

그래서 나는 아침 식사로 달걀을 거의 먹지 않는다 내 작품이 영원 속에서 태어나려면 달걀이 무한히 필요한데도 말이다

달걀은 먹거나 그 어미에게로 되돌아가야 한다

그리고 무수한 미국 닭들의 슬픔이 라디오에 출연한 코미디언들 비명 속에 드러난다

디트로이트는 고무나무와 망상으로 백만 대 자동차를 만들었지만

나는 걷는다, 나는 걷는다, 동양이 나와 함께 걷고, 아프리카 전체가 걷는다

그리고 머지않아 북미도 걸을 것이다

왜냐면 우리가 중국 천사를 문간에서 쫓아내 그가 미래의 황금 문에서 우리를 쫓아낼 테니까

우리는 탕가니카를[6] 불쌍히 여기지 않았다

아인슈타인은 살아 있을 때 그의 천국 정치 땜에 조롱당했고[7]

버트런드 러셀은 잠자리했다는 이유로 뉴욕에서 쫓겨났으며[8]

불멸의 채플린은 입에 장미를 문 채 우리 땅에서 추방당했다[9]

가톨릭 교회는 의회 화장실에서 비밀 음모 꾸미곤 끝없

이 늘어나는 인도 대중들에게 피임약을 거부했다

비겁한 로봇처럼 타락한 정신으로 헛소리하는 글만 출판된다

미국의 몸에 대한 진정한 문학이 출판되는 날이야말로 혁명의 날이 될 것이다

섹시한 어린 양의 혁명이자

옥수수 나눠주는 유일한 무혈 혁명이 될 것이다

가난한 주네는[10] 오하이오주 수확꾼들 계몽시킬 것이다

마리화나는 지혜로운 최면제지만 J. 에드거 후버는[11] 치명적 스카치를 더 좋아한다

그리고 노자(老子)와 육조 혜능의[12] 헤로인은 전기의자로 처벌받지만

가엾고 병든 마약 중독자들은 머리 둘 곳조차 없다

우리 정부의 악마들은 국방 조기 경보 레이더 시스템만큼 쓸모없는 금단 치료법을 발명했다.

나는 국방 조기 경보 레이더 시스템이다

나는 폭탄 외엔 아무것도 보지 않는다

나는 아시아가 아시아 되는 것을 방해하고 싶지 않다

그리고 러시아와 아시아의 정부는 흥하고 망하겠지만 아시아와 러시아는 결코 망하지 않을 것이다

미국 정부 또한 망하겠지만 어찌 미국이 망하겠는가

과연 정부 말곤 누가 더 망할 것인가

다행히도 모든 정부는 망할 것이다

망하지 않을 유일한 정부는 좋은 정부들이다

그러나 좋은 정부는 아직 존재하지 않았다

그러나 그들은 존재해야 하고 내 시 속에 존재한다

그들은 러시아와 미국 정부의 사멸 속에 존재한다

그들은 하트 크레인과 마야콥스키 죽음 속에 존재한다

죽음이란 결말 없이 예언할 수 있는 시간이 지금이다

우주는 결국 사라질 것이다

할리우드는 영원의 풍차 위에서 썩어갈 것이다

신의 목구멍에 걸린 할리우드 영화들

그렇다 할리우드는 마땅히 받아야 할 걸 받게 될 것이다

시간

라디오 타고 스며드는 신경가스

역사는 이 시를 예언적으로 만들고 그 끔찍한 어리석음을 무시무시한 영적 음악으로 만들 것이다

나에겐 비둘기의 신음과 황홀경의 깃털이 있다

인간은 식인적 추상성의 허기를 오래 참을 수 없다

전쟁은 추상이다

세상은 파괴될 것이다

그러나 나는 오로지 시를 위해 죽을 것이고, 그것이 세상을 구원할 것이다

보스턴을 고귀하게 할 사코와 반제티[13] 기념물 기금이 아직껏 마련되지 않았다

영국의 천치 야바위꾼이 케냐 원주민을 괴롭힌다

백인 바보들이 남아프리카를 꽉 쥐고 있다

내무장관 베이철 린지[14]

상상력 장관 포우
경제장관 파운드[15]
그리고 크라는 크라에 푸크티는 푸크티에 속한다[16]
블로크과 아르토의[17] 교차 수정(受精)
화폐에 찍힌 반 고흐의 귀
더 이상 괴물들을 위한 선전은 없다
그리고 시인들은 정치에서 벗어나거나 괴물이 되어야 한다
나는 정치 때문에 괴물이 되었다
그 러시아 시인은 자신의 비밀 노트 안에선 분명 괴물일 거다
티베트는 내버려둬야 한다
이것은 명백한 예언이다
미국은 파괴될 것이다
러시아 시인들은 러시아와 싸울 것이다
휘트먼은 이 '신화로 저주받는 국가들'에 대해 경고했다[18]
그가 캠든 성에서[19] 최후통첩 보낼 때 시어도어 루스벨트는 어디에 있었나
크레인이 자신의 예언적 책들을 낭독할 때 하원은 어디에 있었나
린지가 돈의 파멸을 선언했을 때 월스트리트는 무슨 음모 꾸미고 있었나
그들은 빅퍼드[20] 고용 사무소 탈의실에서 내 미친 말 듣고 있었나?
내가 로마 포럼에서[21] 시장 조사 통계와 씨름할 때 그들

은 내 영혼의 신음에 귀 기울였나?

아니 그들은 불타는 사무실에서, 심장마비 카펫 위에서 싸웠고, 비명 지르며 운명과 흥정하였다

해골과 겨루며 칼, 구식 소총, 뼈드렁니, 소화불량, 절도 폭탄, 매춘, 로켓, 남색을 무기 삼아

아내와 아파트, 잔디밭, 교외, 요정의 나라 세우기 위해 등을 벽에 대고 필사적으로 싸웠다

푸에르토리코인들은 중국산 현대식 냉장고 모조품 사기 위해 죽을 각오로 114번가에 몰려들었다

엘리자베스 시대 새장을 위해 자비로운 코끼리들이 학살당하고

비명 지르는 산업 소프라노 위해 흥분한 수백만 열혈팬들이 정신병원에 갇힌다

돈을 찬양하는 비누 업자들— 텔레비전 속 치약 원숭이들— 최면 의자에 앉은 탈취제 사용자들—

텍사스 석유 상인들— 구름 가르는 제트 비행기 자국—

하늘을 광고판처럼 쓰는 자들 신성 앞에서 거짓말하는 자들— 이빨 드러낸 모자와 신발 도살자들, 모두가 소유자! 소유자! 소유자! 재산과 사라지는 자아에 집착하지!

그들은 표지에서 기어 나온 개미들에게 흑인이 공격당해 비명 지르는 걸 울타리 너머에서 바라보며 긴 사설 늘어놓지!

대중의 전기적 꿈의 기계여![22] 국회와 학술원 위에서 고함치며 전쟁 일으키는 바빌론의 창녀여!

돈! 돈! 돈! 미쳐 부르짖는 거룩한 환영의 돈! 무(無)에서, 굶주림에서, 자살에서 만들어진 돈! 실패의 돈! 죽음의 돈!

영원에 맞서는 돈! 그러나 강력한 영원의 분쇄기는 거대한 환영의 종이를 갈아버린다!

웃음 가스[1]
Laughing Gas

게리 스나이더에게[2]
네가 내게 준 빨간 구걸용 깡통 컵,
잃어버리긴 했지만 그 내용물은 그대로야.

I

웃음 가스에 취해
난 다시 이곳에 있어
똑같이 오래된 우주의
기묘한 진동 속에

끈덕지고 익숙하게 치아로 파고드는
    벽 너머에서 울려대는
        향수 어린 피아노 음악에 맞춰
치과 의사 드릴이 날카로운 콧소리로
    노래하지, 전에 어디서
        저 빌어먹을 재즈 들어본 걸까?

우주는 꿈의 구멍이 있는
빈 공간

꿈이 사라지면
    구멍도 닫혀버리지

중요한 건
존재로 들어가거나
존재에서 벗어나는 순간이야―
마법 상자의
비밀을
    날아재기 위해

아산화질소로
머리-의식을 마취시켜
우주 밖으로 나가는 거야

    천년왕국설은³ 비개인적 꿈이었어―
단지 꿈일 뿐인 많은 꿈들 중 하나였지.

    탄생과 죽음의
    슬픔, 꿈에서 꿈으로
변하는 슬픔,
형상들의
끝없는 이별…
        존재하지 않던 것들에게
보내는 무언의 작별 인사

존재하지 않는 수많은 세계들
모두 진짜 같지만
모두 농담
모두 잃어버린 만화야

그 순간 우주의 우스꽝스럽고도 기묘한 것들은 다 무엇?! 벽 틈으로 사라지는 도마뱀 꼬리처럼 농담이란 존재가 무(無)로 미끄러져 들어간다. 우디 우드페커의 광기 어린 힌두교 웃음으로 머리 흔들며 마지막에 점점 좁아지는 루니 툰즈 눈구멍 같은 엔딩인 거야.[4] 아무도 다치지 않아. 그들 모두는 사라져. 그들은 거기에 전혀 존재하지 않았거든. 시작 없는 완벽함이야.

그것이 깨달음에 웃음이 따라오고
선사(禪師)가 분노하며 경전을 찢는 이유지.

그리고 이 모순의 고통
비명과 웃음의 순환
얼굴과 엉덩이들 그리스도와 부처들 각각은
선물 자루에 미친 산타클로스처럼
눈 내리는 정신의 극지로
자기 자신의 우주를 끌고 가지
치과 의자에서의 최악의 통증이 현실이 되면
주기적으로 국소마취제를 맞게 돼

모든 일에는 기회가 있을 거고
신조차 한두 번은 찾아올 거야
사탄은 개인적으로 나와 적이 되겠지

편히 쉬고 죽는—
그 과정이 반복될 거야
태어나라! 태어나라!
똑같이 익숙한 미소 짓는 치과 의사에게
        다시 돌아가라—

블룸필드 경찰차 지붕 위
   바보 같은 빨간 불빛이
   영원을 향해 재앙처럼
   회전하고 있어
       은행 강도들은
       순식간에 사라졌다가
       —동시에
이십세기 은행에 나타나지
침실에서 불타버린
   할머니 향해
   비명 지르는 소방차들
   오늘은 묵시록
       내일은
   미키마우스 만화—

난 역겨워! 믿을 수 없어!
너무도 우습고 끔찍하고
   더러운 농담!
온 우주는 얽히고설킨 어이없는 이야기!
   당신이 이해할 때까지
      이상한 결말에서 다시 시작하지
'어둡고 음울한 밤이었다…'
   '안과 밖
     모든 방향에서'
       '당신은 높은 길로 가고
   나는 낮은 길로 갑니다'
        — 머리-의식의 스코틀랜드에서
모든 사람이 길을 잃었어—

      하나님은 단 한 분이야!
하나가 아니라 둘,
   둘이 아니라 무한대—
우주는 마음속에서
   끝없이 연속해서 태어나고 죽어가!

게리 스나이더, 잭,[5] 선 사상가들은
   존재를 쪼개 열며
     웃고 울지—
마음이 고비사막의

불합리한 신호등일 때—
　　무엇이 충격일까?
　　　무엇이 척도일까?
깜빡거리는 모순의 불빛을 따라가!

쥐와 공포를 피하고
경찰과 치과 의사 드릴로부터 숨어본들
　　무슨 소용 있나?
누군가 비로 옆에서
　　부헨발트[6] 날조하겠지
— 개미의 꿈이
　　우리의 꿈보다
　　　더 재밌어
— 개미는 우리보다
　　더 많이 더 빠르게 갖고도
　　덜 신경 쓰는 것처럼
　　　　보인단 말야—

오 있을 법하고도
　　없을 법한
우주의 물결들이여—
　　모두가 옳구나

나는 이 시를

다음 생에서 마무리할 거야.

II

…. 천천히 눈뜨며
내가 혼수상태에서
깨어나는 걸
   감지한다—
잠깐 보인 립스틱은
   치과 진료실의
간호사였다

   무(無)에서
개구리같이 튀어나온
   첫 생각

   …한 번의 번뜩임에서
이 우주가 펼쳐지는
전 과정이 시작되고
그다음엔 정확히
반대로 되돌아가며
대칭적으로 필연적으로
해체되어
마침내 당신은
우연히 소리 하나가
처음으로 울렸던 무(無)로

다시 돌아간다…

     , 창조의
차르다쉬,[7] 첫 번째 진부한 화음이
기계 주크박스 속에
   영원히 음악을 고정시키고

    …그리고 전체 구조가
   스스로를
필연적으로 펼쳐내다가
   다시 무(無)로
접혀 돌아간다…

   ― 같은 남자가
양쪽 길 살피며
길 건너간다
차 조심해―

그리고 매번
가라앉는 느낌 따라
(치아를 건드려서일까)
얼굴에 경련 일며
돌아오는데, 이런!
내가 속았어―

다시
죽음을 무릅쓴 서커스에서
오케스트라로 던져진 사람처럼—
승리의 화려하고도
무심한 취주(吹奏)로
악몽의 야유로
— 마치 곡예사가
허공 속으로 도약하듯—
울려 퍼지는 음악을 보라

나! 난 오래전 서커스 천막
저 높이 걸린 줄에서
마지막 기회 놓치지 않고
뛰어내렸지…
그 일이 다시 일어나고 있어!

멍하니 눈을 뜬다…

이건
웃음 가스에서 깨어나며—
자신이 상상한 우주 속
치과 의자에 앉아 있는
어떤 이의 꿈—
이것은 환상이란

닫힌 우주 안에서만
일어나는 일이다

III

　　우주 속 좋은 날 브로드 거리에서 — 전에도 또 앞으로도 전혀 그러지 않을 것처럼 오늘 태양이 빛난다— 고요한 푸른 하늘— 공원 저편에서 교회의 둥근 황금 지붕이 빛을 보내고 받으며 반짝인다— 이 모든 걸 파괴하는 것이 가슴 아프다—

　　하얗고 조용한 집들 문 앞을 지나며 유모차에 탄 아이들은 어떤 희망을 품을까— 공공 도서관만이 알 일이다.

　　치과 의자에서의 예감— 라디오에서 들려오는 기계적 목소리가 달이 목적지라고 노래한다— 잊혀진 우주의 달을 향한 신비로운 슬픔— 달을— 노래하고, 노래하는, 인간들— 돈을 위해?— 바보같이 버림받은 영원의 목소리만이 공간을 떠돌며 보이지 않게 알려줄 뿐—

　　의사는 실험에 동의했다— 국소마취제 때문에 내 입이 먼저 사라지기 시작했다— 마치 체셔 고양이처럼.[8]

뒤에선 갈등의 순환이 끝없이 무(無) 속에서 일어난다
완전함을 붙잡는 건 불가능하고
완전함은 존재하지 않고
필요하지도 않다
그래서 모든 건 최종적이면서도 계속 반복되어
마침내 우리는 예상대로 완전히 사라질 것이다.

창조의 첫 번째 음은
무(無)가 없을지도 모른다는
생각 외에는
무가 존재하지 않을 때
존재할 수 있는 유일한 것—

셔먼 애덤스는 사임할 것이다[9]
나는 숨을 참고 있다
내 배를 가로질러 오한이 인다
간호사는 사랑해요 노래할 것이다
숨 사이에선 불자(佛子)가 옳다
눈물
뺨 속 흐느낌
가능성이 빠져나간다
안경 너머로 눈이 번뜩인다
 혼수상태에서 생각이 지나갈 때 아무것도 붙잡히지도
붙잡을 수도 없다

나는 손에 펜 들고 늘 같은 식으로
시나트라가 노래한다[10]
당신에게 편지를 써요 날 이해해줘요
난 기도해요 시나트라가 노래한다
우리가 만든 여정 엿볼 수조차 없나요?
가급적 빨리 편지 주세요 시나트라가 노래한다

웃음 가스   111

오 주여 나를 태워 없애소서.

당신 몸은 늘씬해요 시나트라가 노래한다
나는 숨 쉬지 않고 형상으로 돌아가지도 않을 것이다
나는 모든 순간을 전에 미리 보았었다
나는 백만 번 고개 돌려
   이 쪽지를 썼고
  불과 환호로 영접받았다
나는— 생각하기를
   멈추지 않을 것이다
  내게서 어떤 완전함이 빠져나갔을까?

끝없이 순환하는 가능성들이 무(無) 속에서 충돌한다
글쓰기에서의 모든 실수는 태초부터 피할 수 없는 것이다
의사의 전화번호는 필그림 1-0000[11]
무(無)여, 나에게 전화 걸고 있나?

다가올 원자 폭발 때문에
우주는 산산조각 날 것이다
아이젠하워는 한때
미국이라 불리는 곳의 대통령이었고
그레고리는 폭탄을 썼다![12]
러시아인들은 화성을 꿈꾼다
그리고 허공에서 마지막으로

상상력이 폭발한 후
우주와 모든 의식이
사라질 때
이 모든 것이 일어났건
일어나지 않았건
아무런 차이가 없을 것이고,
한때 그리도 실재한다고 여기던
모든 것이―
그것이― 사라질 것이다.

오 그 자리에서 죽으러
난 돌아가야겠다
어떤 예언은 맞았을지도 모른다
모두 거대한 예외인 것이다

내 버스는 예고된 대로 도착할 거다
또 다른 구월의 끝이다
라디오는 앞서 전쟁 소식 전하고
우리 모두는 피할 수 없는 아름다운 파멸을 향해 간다
도서관 앞엔 의식을 지닌 불의 상자가 서 있다
태양은 뜨겁고 이제 난 미친 듯 끄적거린다― 그것은
모르는 곳에서 추상적이고 무의미하게 시작되었다
생각의 행성들이 지나간다
그것은 시작된 곳에서 끝날 것이다

나는 정상으로 돌아가고 싶다
— 그러나 오직 열반 속에서만
불변이 존재한다
                  아니면 주여,
영원한 안식이 존재합니까?— 그리고
성자들은 무엇을 알고 앉아 있는지요.
           나는— 버스들에 겁먹고—
블룸필드 공원 벤치에 앉아 있는
      간첩이다

내 신발 주위 맴도는 저 벌은 뭐지? 내가
        어쩔 수 없이 빌린 신발?
커다란 빨간 트럭이 고장 난 텔레비전 상자들을
        뒤에 싣고 간다

도서관 위로 펄럭이는 미국 국기

난 버스에서 흑인 여자 옆에 앉는다

이것은 폭발이다

IV

오래된 똑같은 블랙홀로
 다시 돌아오니
  마지막 가능성의 문은 닫히고
 거대한 허공만이 남아 있다
  … 먼지 속
태양을 반사하는 유리 조각,
  자신이 존재했다는 걸
  전혀 알지 못하는 병의 파편

  … 겨우내 잠자다가
오월 더위 속에
 눈 틔우고
  천 가지 푸른 감각으로
위를 향해 꽃 피우며
  죽어 눈 속에서 자신을 잊는
한 그루 나무 아래

  … 환영(幻影) 속 환영

만약 우리가 존재하지 않았다면, 신은
이 모든 걸 창조해야 했으리라
(존재할) 기회를

웃음 가스

놓쳤을지 모르는
어떤 새나 벌들이 불평할 여지를
　　남기지 않기 위해

　운명은 크게 거짓말한다.

　…그리고 그 크고도 친절한 몽상가는
다시 졸기 시작한다
　　'신은 잠들었다'
큰 놀라움이 그를 기다리고 있다
그의 꿈 중 하나가 이루어질 테니
　그도 답을 얻으리라
　그도 답을 얻으리라

우주적 파노라마 속 하나의 섬광일 뿐
— 그걸 비추는
　　어떤 촬영기가 있었다면
　　빛이 나타날 수도 있었던
　　　한순간일 뿐—

우리는 침대에 누워 자신을 상상으로
　멀리 보낼 수 있다—

숨을 멈추는 게 두렵다—

몸의 고통
　다음엔
질식, 그리고
　죽음.

V

가스가 눈으로 흘러드는 고통
소형 목성 위 교수대처럼 매달린
        구부러진 치과 드릴들
열린 창문 너머
        어린 나무에 얼어붙은 봄
어딘가 열린 문 초인종에서
        반복되는 뎅 소리
나는 우주의 똑같은 약장(藥欌)으로
        돌아왔다— 뎅, 나는 내가
치과 의사보다 더한 현실이란 걸 안다!
자아가 계속 사라지는 걸 보았다 인정하지만
여전히 하나의 자아를 붙드는
        심각한 당혹감

무궤도 교통 공사가

블룸필드 지나는 버스를 운행한다
   … 그것은 태어나지 않은
국화 밑바닥에서 꽃을 피우며
알 수 없는 곳으로 사라질 것이다

네덜란드 세제 상자에 그려진

여인의 이미지처럼[13]
역사는 영원히 반복될 것이다

거울에서 빠져나오는 길은
   자신의 존재가 단지…
완전히 나를 닮은
   낯선 사람에 불과함을 깨달았던
이미지가 찾아냈다

영원히 빠져나오는 길! 이미지들이 나타나고
반복되는 그 땅으로 들어가기 위한 길은
   아직 발견되지 않았다

슬픈 건, 모든 잎이
     이미 전에 떨어졌다는 것이다―

내 발밑 깨진 아스팔트에
   개미 한 마리가 기어가고 있다―
정확하게 하얀 사탕 막대기와
     나뭇가지가
축축한 성냥 옆에 놓여 있고
   근처엔 몇 가닥 풀이 있다…

그리고 난 전에 여기 앉아
    이걸 기록하며 기억하려 애쓴 적이 있다—
그리고 이제 나는—
내가 적고 있는 걸 적으면서 기억한다
나는 내가 언제 멈출지 안다
나는 내가 언제 잊어버릴지
그리고 언제
      도약하고 변화할지 안다—
        미키 예술과
웃음 가스의 통찰이 그러하듯
    온 우주에서 동시에
      바로 지금 외에는 불가능한
그 도약과 변화를 안다

하하하하하
그리고 스님은
달을 보고 웃는다—
사방 10마일 내 모든 이들이
왜 웃는지 궁금해한다—
그는 단지 그들에게—
무언가를— 달을,
수백만의 삶을 잠자코 지켜본
그 오래된 달을 일러줄 뿐이다.

메스컬린[1]
Mescaline

썩어가는 긴즈버그, 난 오늘 알몸으로 거울을 바라보았다
늙은 두개골이 보였다, 머리가 점점 더 빠지고 있다
부엌 불빛 속 얇은 모발 아래 정수리가 번득인다
관광객 무리 이끄는 경비원이
손전등으로 비춘
오래된 지하 묘지 어떤 수도사의 두개골 같다
그래서 죽음이 있고
내 새끼 고양이는 야옹대며 옷장 들여다보고
보이토는[2] 오늘 밤 축음기에서 천사들의 옛 노래 부른다
갈색 사진 속 안티노우스 흉상은[3] 여전히 내 벽에서 아래를 응시하고
신의 섬세한 손에서 터져 나온 빛이 조용한 동정녀에게 나무 비둘기를 내려보낸다
베아토 안젤리코의 우주[4]
고양이는 미쳐서 바닥을 돌아다니며 괴성을 지른다

죽음의 징으로 썩어가는 긴즈버그의 머리를 때리면 어떻게 될까
나는 어떤 우주로 들어가나
죽음 죽음 죽음 죽음 죽음 고양이는 안식에 들었다

과연— 썩어가는 긴즈버그로부터 벗어날 수 있을까
그래 썩게 놔두자, 신이여 감사합니다 나는 압니다
누구에게 감사할지
누구에게 감사할지
오 주여, 감사합니다, 그 길은
나의 눈 너머 어딘가로 이어져야 합니다
그 길은
그 길은
썩어가는 똥 더미 뚫고, 안젤리코의 법석 뚫고
삐익, 아기 한번 터뜨리곤 사라져야 하겠지요
그게 정답이겠지만, 아이를 가져보기 전엔 모를 일
모르겠네요, 아이 가진 적도 없고 지금 같아선 가질 일도 없으니

그래, 난 괜찮아야 해, 결혼해야 해
결혼이 도대체 뭔지 알아봐야 해
하지만 여자들이 나에게 들러붙는 건 참을 수 없어
나오미 냄새가 나
으악, 난 이렇게 익숙하게 썩어가는 긴즈버그에게 갇혀버렸어
사내들도 더 이상 참을 수 없어
참을 수 없어
참을 수 없어
그러면 누가 정말로 엉덩이 찌르고 싶어 할까?

시간의 흐름 위로 지나가는
광활한 바다
그러면 누가 유명해져 영화배우처럼 사인하고 싶어 할까

나는 알기 원해
나는 원해 나는 원해 우습게도 알기를 알기를 무엇이 썩어가는 긴즈버그인지를
나는 내가 썩은 후에 뭐가 일어날지 알고 싶어
왜냐하면 난 이미 썩어가고 있으니까
머리카락이 빠지고 배는 나오고 섹스에 질렸어
엉덩이 질질 끌고 우주 돌아다니다 너무 많이 알아버렸어
하지만 충분히 알진 못해
나는 죽고 나서 뭐가 일어날지 알고 싶어
글쎄 곧 알게 되겠지
정말로 지금 알 필요 있을까?
그게 어쨌든 쓸모 있을까 쓸모 쓸모 쓸모
죽음 죽음 죽음 죽음 죽음
신 신 신 신 신 신 신 고독한 방랑자
타자기 리듬

타자기 두드려 내가 하늘나라에 뭘 해줄 수 있을까
난 갇혔어 음반 바꿔줘 그레고리 아 훌륭해 딱 그걸 해주네
그리고 난 수백만의 귀를 너무 의식해

지금 이 순간에도 상거래 하는 소름 끼치는 귀들 말이야
너무도 많은 신문 사진들
누렇게 빛바랜 신문 스크랩들
난 시에서 벗어나 어두운 사색가가 될 거야

마음의 쓰레기
세상의 쓰레기
인간은 반쯤 쓰레기
무덤 속에선 모두 쓰레기

그렇게 죽음이 짓누르는데 윌리엄스는 패터슨에서 무슨 생각 할까,[5]
너무 임박한데 너무 임박한데
윌리엄스, 죽음이 뭔가요?
이제 당신은 매 순간 위대한 질문과 마주하나요
아니면 아침 식사에서 늙고 추한 연인 얼굴 보며 잊어버리나요
당신은 다시 태어날 준비 되었나요
이 세상 해방시키고 하늘나라 들어갈 준비 되었나요
아니면 해방시키고, 해방시켜서
모든 걸 끝내고선— 한 생애와— 온 영원이
마치 대답 없는 지구에게 달이 던지는 속임수 질문처럼 무(無)로 사라지는 걸 볼 준비 되었나요
인간에겐 영광 없어요! 인간에겐 영광 없어요! 나에겐 영

광 없어요! 나에겐 없어요!

영혼이 이끌어주지 않을 땐 글 쓰는 의미가 없답니다

리세르그산[1]
Lysergic Acid

그것은 수백만 개 눈을 가진 괴물이다
그것은 자신의 모든 코끼리와 자아 속에 숨어 있다
그것은 전기 타자기 속에서 윙윙댄다
그것에 전선이 있다면 그것은 자신에게 연결된 전기이다
그것은 굉대한 거미줄
그리고 나는 거미줄의 마지막 수백만 번째 무한 촉수에 매달린 걱정 많은 존재
길 잃어, 이탈된, 한 마리 벌레, 하나의 생각, 하나의 자아
중국의 수백만 해골 중 하나
특정 실수 중 하나
나, 이방인 긴즈버그, 하나의 분리된 의식
신이 되고 싶은 나
영원한 조화의 무한히 미세한 진동 듣고 싶은 나
내가 그 천상의 음악으로 파괴되는 걸 불 속에서 떨며 기다리는 나
신을 미워하면서도 그에게 이름 붙이는 나
영원의 타자기에서 실수하는 나
운명 지어진 나

하지만 우주 저 먼 끝에서 백만 개 눈 달린 이름 없는 거

미가

   혼자서 끝없이 거미줄을 친다

   괴물 아닌 괴물이 사과, 향수, 철도, 텔레비전, 해골 가지고 다가온다

   우주는 자신을 먹고 마신다

   내 두개골에선 피가 흐르고

   내 배 위엔 털 많은 가슴과 12궁도(宮圖) 지닌 티베트 생명체가 있다

   즐거움 누리지 못하는 이 희생 제물

   거울 속 내 얼굴, 가는 머리카락, 눈 아래 줄줄이 엉겨버린 피, 나는 개자식, 썩은 놈, 말하는 욕망

   폭발, 으르렁거림, 무한 속 의식의 경련

   모든 우주의 눈 속에서 기어가는 자

   내 존재에서 벗어나려 애쓰나 그 눈에는 다다르지 못하는 자

   구토하는 나, 황홀경 속 나, 경련에 사로잡힌 몸, 구물대는 위, 물 흐르는 입, 나는 여기 지옥에 있다

   거미줄 위 벌거벗은 무수한 미라의 생명 없는 마른 뼈들, 유령들, 나도 유령이다

   나는 내가 음악 속 어디에 있는지 외쳐본다, 방을 향해, 가까이 있는 누구이건 그를 향해, 당신, 당신은 신인가?

   아니, 당신은 내가 신이 되길 원하나?

   대답이 없나?

   당신은 되묻는다, 항상 답이 있어야 하나?

그리고 예 아니요로 답하는게 내 책임이라면
내가 신이 아닌 게 다행이다! 신이 아니어서 정말 다행이다!
그러나 어떤 조건에서도 난 우주의 구석구석까지
조화로운 예스가 스며들길 간절히 원한다
예스가 있다 … 난 예스이다 … 당신도 예스이다 … 우리는

우리는
그리고 그것은 틀림없이 그것이고, 그들이고, 대답 없는 뭔가이다
그것은 기어가고, 기다리며, 정지하다가, 시작된다, 그것은 전쟁의 나팔이고 그것은 다발성 경화증이다
그것은 내 희망이 아니다
그것은 영원에서의 내 죽음이 아니다
그것은 나의 말도 시도 아니다
나의 말을 경계하라

그것은 시킴이나[2] 티베트에서 사제가 짠 유령 덫이다
천 가닥 다른 색깔 실들이 묶여 있는 십자 틀이자
쳐다보면 천상의 광선 파장이 방사되는 게 보이는
영적 테니스 라켓이다
수십억 년 동안 그러했듯 밝은 에너지가 실들을 타고 흘러간다
마치 유령 덫이
축소된 우주의 이미지인 것처럼

그 실의 띠들은 마법처럼 빛깔이 바뀌며 하나가 또 다른 것으로 변형된다
서로 연결된 기계의 의식 있고 지각 있는 부분이
시간 속에서 바깥을 향해 파동 일으키며
모든 걸 통해 스스로 부단히 변주되고 끊임없이 아래로 반복하면서
자신의 축소된 이미지를 보는 이에게 한 번에 모두 드러낸다
그것의 모든 부분은 다 똑같다

이 이미지나 에너지는 오우나 아움일[3] 수도 있는 바로 그 시초부터
우주의 심연에서 스스로를 재생산한다
그리고 동일한 말의 변형들을 이끌어 본래 모양과 같은 패턴으로 자기 주변을 둘러친다
시간의 깊이를 통해 더 큰 자신의 이미지를 창조하여
멀리 떨어진 성운의 띠와 광대한 점성술을 통과해 바깥으로 선회한다
그것은 스스로에게 진실하고자 코끼리 가죽에 그려진 만다라에 담기거나
미소 짓는 상상의 코끼리 측면 그림 찍은 사진에 담기는데, 사실 코끼리가 어떻게 생겼는지는 전혀 중요치 않은 장난일 뿐—
그것은 불타는 악마나 초(超)과학 귀신이 들고 있는 표

식일 수 있고
  아니면 진공 속에서 내 배 찍은 사진 속에
  아니면 내 눈 속에
  아니면 그 표식 만든 수도사의 눈 속에
  아니면 결국 스스로를 응시하다 죽어가는 자신의 눈 속에 있을지 모른다

  그리고 눈이 죽을 순 있지만
  그리고 내 눈 또한 죽을 순 있지만
  수십억 개 눈을 가진 괴물, 이름 없는 자, 대답 없는 사, 나에게서 숨은 자, 그 무한한 존재는
  스스로를 낳는 하나의 생명체이다
  그것은 가장 미세한 부분에서 전율하며, 모든 눈을 통해 동시에 다르게 본다
  하나이면서도 하나가 아닌 그것은 자신의 길을 따라 나아간다
  난 따라갈 수 없다

  그리고 난 여기에 괴물 이미지를 만들어두었다
  그리고 난 또 다른 이미지를 만들 것이다
  그것은 신비로운 생명체처럼 느껴진다
  그것은 바다 밑에서 기어다니고 물결을 일으킨다
  그것은 도시를 점령하러 오고 있다
  그것은 모든 의식 아래로 침입한다

그것은 우주처럼 섬세하다

그것은 나를 구토하게 만든다

왜냐면 그것이 나타나는 걸 놓칠까 두렵기 때문이다

그것은 어쨌든 나타난다

그것은 어쨌든 거울 속에서 나타난다

그것은 바다처럼 거울 밖으로 밀려 나온다

그것은 수많은 굽이침이다

그것은 거울 밖으로 밀려 나와 보는 이를 익사시킨다

그것은 세상을 익사시키고, 세상을 익사시킬 때

스스로도 익사한다

그것은 음악으로 가득 찬 시체처럼 밖으로 떠다닌다

그 머릿속엔 전쟁의 소음

그 배 속엔 아기 웃음

어두운 바다에선 고통의 비명

눈먼 동상 입술엔 미소가 있다

그것은 거기 있었다

그것은 내 것이 아니었다

나는 내 자신을 위해 그걸 사용하고 싶었다

영웅적이고 싶기 때문이다

하지만 그것은 이 의식으로 살 수 없는 것이다

그것은 영원히 자신의 길을 간다

그것은 모든 생명체를 완성할 것이다

그것은 미래의 라디오가 될 것이다

그것은 때가 되면 자신을 들을 것이다

그것은 휴식을 원한다
그것은 자신을 듣고 보는 것에 지쳤다
그것은 또 다른 형상 또 다른 희생을 원한다
그것은 나를 원한다
그것은 나에게 충분한 이유를 준다
그것은 나에게 존재할 이유를 준다
그것은 나에게 끝없는 해답을 준다
분리된 의식과 보는 의식을 준다
나는 둘 중 하나가 되라고 부름 받는다, 둘 다이자 어느 것도 아니라 말하라고 부름 받는다
그것은 나 없이도 스스로 돌볼 수 있다
그것은 둘 다 답이 없다 (그것은 그 이름에 대답하지 않는다)
그것은 전기 타자기 위에서 윙윙거린다
그것은 단편적 낱말을 타자 친다
단편적 낱말을,

만다라

신들이 자신의 몸 위에서 춤춘다
죽음을 잊고 새로운 꽃들이 열린다
환상의 비탄 넘어 천상의 눈
나는 기쁜 창조자를 본다
세상을 향해 찬가 부르며 악단들이 일어난다

초월 속에 펄럭이는 깃발과 표지들
결국 영원 속 수많은 눈을 가진 하나의 이미지가 남는다
이것이 작품이다! 이것이 지식이다! 이것이 인간의 종말
이다!

마법의 성가[1]
Magic Psalm

 이 세상은 날개 위에 있고 무엇이 올지 아무도 알 수 없기 때문입니다
 오 해마다 마음으로 따르는 영(靈)이여, 하늘나라에서 이 떨리는 육체로 내려와
 경세를 모르는 기대힌 광선 속에 게 덧없는 시선을 붙드소서— 분리될 수 없는— 주인이여
 나뭇잎 떨어지는 모든 시간 넘어선 거인이여— 우주의 천재여— 붉은 구름 나타나는 무(無) 안의 마법사여—
 말로 다할 수 없는 사라진 길의 제왕이여— 묘지에서 달려오는 불가해한 수말이여— 연이은 산맥과 벌레 위로 퍼지는 노을이여— 구부러진 나방이여—
 슬퍼하는 자여— 입 없는 웃음이여, 죽을 육신과 결코 함께한 적 없던 심장이여— 하지 않은 약속이여— 상처 입은 수백만 동물 속 피 끓는 구원자여—
 오 자비여, 세상의 파괴자여, 오 자비여, 가슴속 환상 창조하는 자여, 오 자비여, 소란스럽고도 따뜻한 입 지닌 어린 비둘기여, 오소서,
 신의 성(性)으로 제 몸 침범하소서, 부패의 무한 애무로 제 콧구멍 메우소서,
 저를 순수한 감각적 초월의 끈적이는 벌레로 바꾸소서,

저는 여전히 살아 있나이다,

제가 현실보다 더 추하게 쉰 목소리 내게 하소서, 수백만 입으로 말하는 심령의 토마토여,

무수한 혀를 가진 내 영혼이여, 괴물이든 천사든 영원히 날 사랑하러 다가오는 연인이여― 눈 없는 오징어 위의 하얀 가운이여―

나를 사라지게 하는 우주의 똥구멍이여― 크레인에게 말 건넨 유연한 손이여²― 또 다른 천년으로부터 세월의 축음기로 흘러드는 음악이여― 뉴욕 건물들의 귀여―

내가 믿는 것― 보았던 것― 잎새 같은 개의 눈 속에서 끝없이 찾는 것― 항상 잘못되고, 부족한 것― 그것이 나를 생각하게 만듭니다―

나를 창조한 욕망, 내 몸속에 숨긴 욕망, 죽음을 알고픈 모든 인간의 욕망, 바빌론 가능 세계를 넘어서려는 욕망은

내가 모르고 절대 모를 것이고 절대 말하지 않을 그대 이름의 오르가슴을 떨리는 몸으로 느끼게 합니다―

인류에게 일러주소서 거대한 종이 수백만 우주 하나하나의 철제 발코니 위로 금빛 소리 울려 보낸다 말해주소서,

저는 그대의 예언자요 견디기 힘든 이름 제 오감으로 외치러 이 세상에 왔습니다 저는 무시무시한 여섯 번째 감각으로

그대의 손이 죽음의 전구로 뒤덮인 보이지 않는 남근 위에 놓여 있다는 걸 압니다―

평화여, 내가 환상을 망가뜨리는 곳에서 해결해주는 자

여, 위로부터 내 뇌 속으로 들어오는 부드러운 입의 질(膣)이여, 죽음의 나뭇가지 물고 온 방주의 비둘기여.[3]

신이시여 저를 미치게 하소서, 저는 마음이 허물어질 준비 되었나이다, 지상의 눈들 앞에서 저를 욕보이소서,

털 난 제 심장 공포로 공격하시고 보이지 않게 울어대는 죽음의 개구리 소리로 제 물건 삼키소서 빛을 흘려대는 맹렬한 개 떼로 저를 덮치소서

끝없는 의식의 단일한 흐름인 제 뇌를 삼키소서, 저는 당신의 약속이 무서워 두려움 속에서 소리치며 기도해야 합니다―

내려오소서 오 빛이여 인류를 만들고 먹어버리는 자여, 폭탄과 살인의 광기에 빠진 세상을 부숴버리소서,

런던 위론 살덩어리 화산들, 파리 위론 비 내리는 눈동자들― 천사 심장 실은 트럭들은 크렘린[4] 벽 더럽히고― 두개골 위 빛의 덮개는 뉴욕을 향합니다―

베이징 테라스엔 보석으로 장식한 무수한 발들― 전기적 기체 장막이 인도를 덮어 내리고― 박테리아 도시들은 뇌를 침공하고― 영혼은 콘돔 물결치는 천국의 입으로 달아납니다―

이것은 위대한 부름, 이것은 영원한 전쟁의 경종, 이것은 성단(星團)에서 살해된 마음의 외침,

이것은 한 번도 존재한 적 없는 교회의 황금종, 이것은 햇살의 심장에서 울리는 우르르 쿵, 이것은 죽을 때 벌레가

내는 나팔 소리입니다,

손 없는 거세자의 호소가 세상의 지진과 화산 뚫고 미래의 황금 씨앗인 자선을 붙듭니다—

안데스산맥 아래 저의 발 파묻고, 스핑크스 위에 저의 뇌 흩뿌리고, 엠파이어 스테이트 빌딩에 제 수염과 머리카락 드리우소서,

이끼 낀 손으로 제 배 감싸고, 당신의 번개로 제 귀 채우고, 예언의 무지개로 저를 눈멀게 하소서

제가 마침내 존재의 똥 맛보게 하시고, 제가 야자나무에서 당신 성기 만지게 하소서,

광대한 미래 광선이 제 입으로 들어와 영원히 태어나지 않는 그대의 창조 알리게 하소서, 오 나의 세기가 볼 수 없는 아름다움이여!

제 기도가 제 이해를 넘어서게 하시고, 제 허영을 그대 발치에 내려놓게 하소서,

뉴어크에서 태어나 뉴욕에서 영원을 맞이하고 말할 수 없는 것 찬미할 인간의 혀 찾아 다시 페루에서 울고 있는 현세의 앨런에 대한 심판을 제가 더 이상 두려워하지 않게 하소서,

제가 초월에 대한 욕망을 넘어 우주의 고요한 물로 들어가게 하소서

제가 이 파도를 타고 나가되, 제 상상의 범람 속에 영원히 익사하지 않게 하소서

제가 저의 미친 마법 땜에 죽지 않고, 자비로운 죽음의

감옥에서 이 죄를 벌 받게 하소서,

　사람들은 터키인의 가슴으로[5] 제 말 이해하고, 예언자들은 선포로써 저를 돕나이다,

　천사들이 그대 이름 환호하고, 그대 자신은 육화(肉化)되어 하나의 거대한 우주의 입으로 즉시 응답하시나이다.

응답[1]
The Reply

신은 나의 죽음으로 응답하신다! 나는 파기되었다
   이 시는 불타는 장부(帳簿)에서 말소되었다
  내 귀에 있는 벌레가 나의 거짓말에 답하고
해골 보지 못하게 눈 덮으려 내려오는 손이
        내 시력에 답한다
괴물 껍질처럼 내 두개골 덮은 떨리고 수염 난 턱살이
    신이 되고픈 내 열망에 답한다
  영혼의 덩굴 토해내는 위, 대나무 오두막 바닥의
   시체, 자신의 운명으로 기어가는 몸뚱어리
    머릿속에 떠오르는 악몽
학살자 찬미하는 피조물의 윙윙대는 소음
     무한을 향한 새들의 외침, 공중에 토하듯
개 짖는 소리, 나무에서 개골개골 죽음 우는 개구리들
나는 천사라 허공 속 어디로 가는지 모른다
나는 인간이라 죽음 속 어디로 가는지 모른다——
        그리스도여 그리스도여
  영원히 알 수 없는 것 보려 가엾게도 희망 없이
    차원 사이 십자가로 들어 올려진 자여—
죽은 종소리가 온몸을 흔들고 영원히 사는 거대한 존재가
  저 먼 곳으로부터 나의 뇌로 들어온다

글로 적기엔 너무 강력한 존재만이 남는다!
 죽음 속의 존재, 그 앞에서 난 무력하다
  그건 나를 앨런에서 두개골로 바꿔버린다
깨어나지 못하고 죽는 꿈속의 오래된 외눈박이―
 어둠 속으로 손 잡아끄는 소름 끼치는 손
  ― 눈멀어 꿈틀대다 베어진 벌레―
     신 자체가 쟁기
우주 이전부터의 어떤 괴물스런 어둠의 구체(球體)가
 맹목의 명령과 함께 나를 찾아온다!
 난 이 의식을 지우고, 뉴욕의 사랑으로
       달아날 수 있다, 그러면
  예정된 십자가가 두려운 가련하고 가엾은 그리스도가
       결코 죽지 않아도 되리―
달아나라, 하지만 영원하진 못하리라― 그 존재는 올 것이다,
 그 시간은 올 것이다, 기묘한 진실이 우주로 들어설 것이다,
  죽음이 이전처럼 그 존재를 드러낼 것이다
그러곤 비록 죽더라도 내 운명은 돌아온단 사실에
     잊었구나! 잊었어! 하며 절망할 것이다―
온 우주가 사물이라면 무엇이 신성한가?
 달빛 구름 뒤에서 노래하는 흡혈귀 오르간처럼
     그것은 모든 영혼에게 살금살금 다가온다―
      나는 어두운 페루 들판에 가련하게 쪼그려 앉아
수염 드리운 별들 아래 내 짐 내려놓으려 한다―
   나는 내가 죽는다는 공포 속에 죽을 것이다!

우리는 댐이나 피라미드가 아니라 죽음을, 그 벌거벗음을
준비해야 한다, 개미와 바람 담은 그분의 긴 입에 빨려
 말라붙은 불쌍한 뼈들, 그리고 그분의 완성을 예비하기 위해
  살해당하는 우리의 영혼!
그 순간이 온다, 그분은 영원히 자신의 뜻을 드러내신다
그리고 별보다 더 먼 옛 존재로의 어떤 비상도 결국은
 견딜 수 없는 음악이 흐르는 똑같이 어둡고 흔들리는 항구에서
  끝을 맞이하게 된다
불타고 있는 나 자신에게서나 폭탄을 던지고
삼켜버리는 그분의 세계에서나 안식처는 없다!
    그분의 힘을 알아라! 놓아라
 내 손을— 겁에 질린 내 두개골을
   — 나는 자기애를 선택했었기에—
내 눈, 내 코, 내 얼굴, 내 물건, 내 영혼을— 그리고 이젠
    얼굴 없는 파괴자!
  똑같이 새로운 존재로 이어지는 수십억 개의 문들!
  우주는 나를 삼키려 뒤집어진다!
그리고 인간과는 다른 문에서 강력한 음악이
     폭발하며 튀어나온다—

끝
The End

나는 나다, 나는 바다를 낳은 늙은 아버지 물고기 눈이고, 내 귀에 있는 벌레, 나무를 감아 도는 뱀이다,

나는 떡갈나무 마음속에 앉고 장미 속에 숨는다, 나는 뭔가 깨어난다면 그건 오직 나의 죽음이라는 걸 안다,

육신이여 내게 오라, 예언이여 내게 오라, 모든 전조여 오라, 영혼과 환상이여 오라,

나는 모든 걸 받아들인다, 나는 앞으로 죽을 것이다, 나는 영원히 관 속으로 들어간다, 나는 눈을 감는다, 나는 사라진다,

나는 겨울 눈으로 내 위에 떨어진다, 나는 빗속에서 거대한 바퀴 되어 굴러간다, 나는 경련하며 섹스하는 놈들 바라본다,

자동차의 끼익 소리, 신음하듯 저음으로 노래하는 분노의 여신들, 뇌 속 희미해지는 기억, 개 흉내 내는 사람들,

나는 여자의 배, 섹스하러 가슴과 허벅지 펴는 젊은이가 기쁘다, 안으로 치솟는 남근은

음(陰)의 입술에 그 씨앗을 뿌린다, 짐승들은 시암에서[1] 춤추고 모스크바에서 오페라 부른다,

내 친구들은 해 질 녘 계단에 앉아 그리움에 잠긴다, 나는 뉴욕에 가고, 시카고 하프시코드로[2] 재즈 연주한다,

나를 낳은 사랑을 난 어떤 상실 없이 내 근원으로 돌려보낸다, 난 구토하는 자 위를 떠돈다,

나의 불멸성이 황홀하고, 이 무한함이 황홀하여 나는 주사위 던지고 묻어버린다,

시인이여 와서 입 다물고 나의 말 먹으라, 그리고 네 귓속의 내 입을 맛보아라.

「카디쉬」는 어떻게 탄생하였나[1]
How Kaddish Happened

「카디쉬」는 1958년 파리에서 4장의 몇 페이지를 쓰면서 시작되었다. 나는 여기에서 이전의 「울부짖음(Howl)」에서 사용했던 기도문 형식, 즉 강렬한 리듬과 정서를 전달하기 위해 특정 단어나 문장을 반복하는 형식을 새롭게 변형하여 사용하였다. 「울부짖음」의 반복되는 구절이 점진적으로 길어지는 구조로 마치 종이 위에 큰 피라미드를 그려놓은 모양이라면, 「카디쉬」의 4장은 세 개의 작은 피라미드가 층층이 쌓여 있고 맨 아래엔 거울로 반사하듯 피라미드가 거꾸로 놓인 모양을 하고 있다. 이를 호흡의 관점에서 보면, 낭독자는 감정과 발성을 세 번에 걸쳐 고조시킨 뒤, 발성을 줄여가며 끝에서 점점 짧아지는 흐느낌으로 마무리해야 한다. 초안은 이 모든 요소를 포함하고 있었고, 나중에 깔끔하고 정확한 형태로 다듬어졌다.

1년쯤 뒤 뉴욕에서 나는 친구와 함께 레이 찰스의 천재적인 명곡들을 밤새워 들었다— 나는 그 전에 유럽에서 두 번의 겨울을 났기에 그의 음악을 제대로 들어보지 못했었다―
우리는 약간의 진통제와 당시 나에겐 새로웠던 중추신경 자
극제를 조금 복용했다― 그 친구는 자신의 오래된 바르미츠
바 책에[2] 적혀 있는 유대교 의식을 보여주며 카디쉬의 중심
구절을 읽어주었다― 그러다 나는 이른 새벽 푸른빛 감도는
7번가를 걸어서 로어 이스트 사이드에 있는 내 아파트로 돌
아갔다― 일출 전 뉴욕 풍경은 그 자체로 유명한 환각적인
비현실성을 지니고 있었다 시골에서는 소와 새 소리 들으며
맞이하는 아침이 블레이크적인 매력을 지니지만, 대도시에
서는 우유배달원조차 같은 자연의 시간을 공상과학소설의
지옥 같은 환상으로 느끼게 된다. 공장들은 유령처럼 보였
고, 인적 없는 거리들은 포우의 작품에서 튀어나온 것 같았
으며, 익숙한 클럽, 서점, 식료품점들은 모두 죽어 있는 느낌
이었다.

집에 도착해 글을 쓰고 싶은 욕구가 솟아 책상에 앉았
다― 그것은 도시의 기묘한 화학적 요소들이 촉발시킨 일종
의 예지적 충동이었다― 하지만 나는 어떤 예언이 다가오는
지 전혀 알 수 없었다― 그저 시(詩)일 거라고 짐작했을 뿐
이었다. 나는 지난 몇 시간의 기억 정보를 문자 그대로 조합
하기 시작했다. "이제 당신을 생각하는 것이 이상해요, 코르
셋도 눈도 없이 사라진 당신을…" 이렇게 여러 페이지를 절
정에 이르기까지 써내려갔고, 어머니와의 주요 장면들에 대
한 단편적 기억들을 적었으며, 히브리어 카디쉬의 리듬을 모
방한 죽음의 기도로 마무리했다― "당당히 서서, 더 이상

슬퍼하지 않겠습니다…"

하지만 그러고 나서 내가 과거로 돌아가 가족의 비밀스러운 이야기를— 아무도 알 수 없는 나의 유일하고도 영원한 어린 시절과 청년기의 기억을— 그 기이한 세부 내용 모두를 포함해서— 전부를 말하지 않았다는 것을 깨달았다. 나는 그것이 다른 사람들에게는 이상하게 보일지 모르지만 가족에게는 익숙한 이상함이라는 것, 즉 누구에게나 있는 미친 사촌이나 이모나 형제들의 이야기라는 것을 깨달았다.

그래서 "이건 구체적 내용들을 밝히는 거예요"라는 문장으로 시작해 다시 서사를 구성하기 시작했다— 그리고 마음속에 처음으로 떠오르는 기억 모두를 조각난 단락 형태로 시간순으로 스케치하기 시작했다— 전에 한 번, 두 번, 여러 번 생각했었던 세부 내용들— 내가 반쯤 망각했던 당황스러운 장면들— 길고 검은 털이 성기 주변을 둘러싼 오싹한 장면들— 엄마의 뚱뚱한 배의 흉터를 중심으로 한 이미지들— 이 모든 것이 원형(原型)이 되었다.

아마도 주관적인 원형이었겠지만, 원형은 원형이었고, 적절하게 표현된 주관적인 원형은 보편적인 것이다.

나는 주제에 마음을 모은 채 토요일 아침 6시부터 일요일 밤 10시까지 같은 책상에 앉아, 화장실에 가거나 피터 오를로프스키가 내 방에 가져다준 커피와 삶은 달걀 먹을 때를 제외하곤 계속 시를 썼다. (피터는 사랑하는 미치광이를 돌보는 간호사가 되었다) 그리고 몇 알의 덱스트린 정제를 복용하며 새롭게 추진력을 얻었다. 스무 시간이 지나자 집

중력은 흐트러지고 글은 점점 산만해지기 시작했다. 분열되는 의식을 일관되게 이어가기 어려웠고, 비현실적인 메시아적 격발은 더욱 어색해졌다. 그러나 나는 끝까지 버텨 시간 순서대로 완성했고, 어머니의 사망 전보를 포함한 마지막 세부 사항까지 적었다. 나는 나중에 다시 읽어보며 정리할 수 있으리라 생각했다.

나는 일주일 동안 손으로 쓴 원고를 보지 않았고— 며칠 동안 잠을 잤다— 그리고 다시 그 원고글 읽었을 때 좌절했다. 정리하고 수정하는 것이 불가능해 보였기 때문이다. 원고에는 혼란스러운 상태에서의 충동이 끝없이 이어졌고, 그것을 더 볼만하게 만드는 것은 인내심 많은 학자의 과제처럼 보였기 때문이다.

어느 날 해 질 무렵 나는 거리 모퉁이에 서 있다가 또 다른 변형된 기도문 형식을 떠올렸다— "주여 주여"와 "까악 까악"을 번갈아 사용하다가 마지막 행을 순수하게 정서적 소리인 "주여 주여 주여 까악 까악 까악"으로 마무리하는 구조였다— 나는 집에 돌아와 연상되는 정보로 그 형식을 채웠다. 마지막 세 행은 이 시에서 가장 뛰어난 부분 중 하나인데— 표면적으로는 가장 분열적으로 보이지만, 시의 모든 세부 내용을 고려하면 매우 일관성이 있었다— 다시 말해 "망가진 신발"에서 마지막의 "고등학교 까악 까악"으로 심하게 비약한 것처럼 보이지만— 그 간극 속에 환영이자 꿈으로서의 우리 존재와 진여(眞如)의 본질이 짧게나마 드러나기 때문이다.

인내심을 가지고 시를 타이프로 쳐서 읽을 수 있게 만드는 데 일 년이 걸렸고— 그 절반의 시간은 남미 여행으로 보냈다. 나는 엉망인 원고를 보면 우울해져서 작업을 미루기 일쑤였다. 나는 이것이 정말 시인지조차 확신할 수 없었고, 다른 사람들은 훨씬 더 흥미를 못 느끼리라 생각했다. 하지만 그런 좌절이 시에는 도움이 되었다— 즉 너무 멀리 나가서 자신이 무엇을 하고 있는지조차 알 수 없게 되고, 이전에 누군가 했던 것과의 접점을 잃어버릴 때, 결국 새로운 시의 우주를 창조하게 되기 때문이다. "새롭게 만들라"라고 파운드가 말했고, 윌리엄 카를로스 윌리엄스는 "발명"이라 일컬었다. 이것이 바로 "전통"의 의미이다— 즉 완전히 망쳐야 비로소 홀로 설 수 있는 것이다.

시를 타이프로 친 후, 서사의 마지막 부분을 잘라내고 이어 붙여야 했다— 표현 자체를 바꿀 필요는 없었지만, 추상적 진부함에 빠지는 곳이나 시간 흐름이 혼란스러워지거나 자주 방향이 바뀌는 곳에서는 조화를 이루도록 다듬어야 했다…

주석

제사와 헌사

1 긴즈버그가 「카디쉬」 3행에서 언급한 셸리(Percy Bysshe Shelley)의 시 「아도나이스(Adonais)」에서 인용했다. 셸리는 이 대목에서 삶을 "다채로운 유리 돔(a dome of many-coloured glass)"으로 비유하며 삶을 넘어 순수한 영원의 빛과 하나되기 위해선 죽음을 통과해야 한다고 말한다. 긴즈버그는 셸리를 인용함으로써 죽음 너머를 지향하는 자신의 초월적 시각을 드러낸다.
2 오를로프스키(Peter Anton Orlovsky, 1933-2010)는 미국의 시인이자 배우이며 긴즈버그의 오랜 파트너였다.

카디쉬

1 카디쉬(Kaddish)는 유대교의 기도문 중 하나로, 하나님을 찬양하고 그 이름을 성화하는 내용을 핵심으로 한다. 카디쉬는 여러 종류가 존재하는데, 사람들은 보통 '카디쉬'를 애도 카디쉬(Mourner's Kaddish)의 의미로 사용한다. 애도 카디쉬는 단순히 죽은 이를 위한 기도가 아니라, 애도자가 사랑하는 이를 잃었음에도 신앙을 유지하며 하나님을 찬양한다는 의미를 담고 있다. 유대교에서는 부모가 돌아가신 후 11개월 동안 매일 카디쉬를 낭송하는 전통이 있다. 긴즈버그는 전통 카디쉬 형식을 차용하여 시를 5장으로 나누고, 1장 서시, 2장 서사와 찬송가, 3장 만가(輓歌), 4장 연도(連禱), 5장 푸가로 구성하였다.

2   그리니치 빌리지(Greenwich Village)는 미국 뉴욕 맨해튼 서쪽에 위치하며, 20세기 문화와 예술의 중심지로서 비트 세대(Beat Generation) 작가들과 실험적 예술가들이 활동했던 곳이다.
3   「카디쉬」는 앨런 긴즈버그가 1958년 겨울, 뉴욕에서 레이 찰스의 음악을 듣는 장면으로 시작한다. 긴즈버그는 1956년 어머니의 사망 이후 그녀에 대한 시를 쓰려 했지만 계속 실패했는데, 우연히 친구가 가지고 있던 레이 찰스 앨범을 듣게 되고 자신도 그 자리에서 셸리의 애가(哀歌), 「아도나이스」를 낭송하게 된다. 친구가 히브리어로 읽어준 정통 카디쉬를 듣고 난 후 집으로 돌아가면서 긴즈버그는 어머니가 어린 소녀일 때 러시아에서 미국으로 건너와 걸어 다녔던 똑같은 거리를 걷고 있다는 걸 깨닫게 되었고, 집에 도착하자마자 곧장 「카디쉬」를 쓰기 시작했다. 레이 찰스(Ray Charles, 1930-2004)는 미국의 전설적인 가수, 작곡가, 피아니스트이며, 가스펠, 재즈, 블루스, R&B 요소를 결합한 소울 음악 장르를 개척한 선구자이다.
4   「아도나이스」는 1821년 4월 11일, 셸리가 동시대 대표적 낭만주의 시인 존 키츠(John Keats)의 부고(訃告)를 듣고서 쓴 495행의 애가(elegy)이다. 셸리는 키츠를 그리스 신화의 아도니스(Adonis)와 연관시켜 '아도나이스'라고 부르며 아름다움과 창조의 상징으로 묘사한다. 셸리는 시의 마지막 부분에서 키츠의 영혼이 죽음을 통해 우주와 하나가 되고 더 큰 질서 속에서 영원히 빛날 것이라 노래한다.
5   로어 이스트 사이드(Lower East Side)는 뉴욕 맨해튼의 남동쪽 지역으로, 19세기 말부터 20세기 초 유럽에서 이민 온 유대인, 이탈리아인, 독일인, 폴란드인 등이 많이 모여 살던 곳이다. 다문화적 색채가 짙은 이곳에는 유대교 회당과 전통 유대 식당들이 많아 유대인 커뮤니티의 구심점이 되기도 했다. 20세기 중반 이후엔 가난한 예술가와 음악가들이 모여들어 보헤미안 문화를

형성했는데, 특히 비트 세대와 펑크 록 운동이 이곳을 중심으로 활발히 전개되었다.

6   긴즈버그의 어머니는 미국으로 이민 온 후 처음으로 토마토를 맛보게 되는데, 당시 유럽 이민자들은 토마토에 독성이 있다는 편견을 가지고 있었다. 이는 가짓과 식물 중 일부에 독성이 있어서 자연스레 토마토에도 독이 있다고 믿었던 오해에서 비롯되었다.

7   나오미 리버그랜트(Naomi Livergrant)는 1894년, 러시아의 네벨이라는 작은 마을에서 태어났다. 그녀의 아버지 멘델(Mendel Livergrant)은 재봉 기계를 팔아 생계를 책임지고 있었는데, 1904년 러일전쟁이 일어나자 징집을 피해 미국으로 건너간다. 이민 후 아버지는 뉴욕의 로어 이스트 사이드의 오처드 거리 근처에서 사탕 가게를 열었고, 몇 년 후 뉴욕을 떠나 뉴저지주 뉴어크로 이사하였다.

8   나오미는 뉴어크에서 가장 좋은 공립학교인 베링저 고등학교를 다녔고, 졸업 후 뉴어크 사범대학에서 교사자격증을 취득했다. 그녀는 짧은 기간 뉴어크 유치원에서 가르친 후 고등학교 때부터 교제한 루이스 긴즈버그(Louis Ginsburg)와 약혼을 했다. 총명하고 내성적인 루이스와 사교적이고 자유분방한 나오미는 성격적으로 잘 맞았고 둘 다 진보적 성향의 집안 출신이라 공통점이 많았다.

9   "창문에 놓인 열쇠(the Key in the window)"는 나오미가 사망한 후 한 달이 지난 1956년 7월 10일, 병원에서 앨런에게 부쳐준 나오미의 편지 속에 나오는 표현이다. 죽기 며칠 전에 쓴 편지에서 그녀는 아들에게 직업을 갖고 결혼하라고 조언하면서 "열쇠가 창문에 있어…"라는 신비로운 표현을 남긴다. 이 편지는 「카디쉬」 2부 마지막에 자세히 언급된다.

10 이디시 극장은 뉴욕 로어 이스트 사이드에 위치하며, 유대인의 언어인 이디시어 연극을 상연하여 유대인 이민자들에게 문화적

정체성을 부여하는 데 일조하였다.
11 앨런은 1926년, 뉴저지주 패터슨(Paterson)에서 태어났고, 패터슨 고등학교를 졸업할 때까지 약 18년 동안 이곳에서 거주했다.
12 앨런의 아버지 루이스는 나오미를 처음 만난 고등학교 시절부터 계속 안경을 착용하였다. 그는 나오미가 1929년 두 번째 신경쇠약을 앓게 되자 비싼 개인병원 요양소에서 장기 치료를 받게 했는데 이때 적지 않은 빚을 지게 되었다. 더구나 1929년에 대공황이 시작되어 봉급이 삼분의 일로 줄어들고 어린 두 아들도 양육해야 했기에 그의 재정 상태는 계속 악화되었다. 루이스는 여름마다 캠프를 지도하며 돈을 벌었고, 그럼에도 나오미는 돈이 없다고 루이스를 비난해 둘은 자주 다투었다.
13 머리 드레슬러(Marie Dressler)는 캐나다 출신의 배우이자 코미디언이다. 그녀는 1930년대 대공황 시기 할리우드 무성영화에서 독특한 개성과 뛰어난 연기력으로 최고의 인기를 누렸다.
14 〈보리스 고두노프(Boris Godunov)〉는 푸시킨의 원작을 바탕으로 무소륵스키가 작곡하였으며, 러시아 오페라의 걸작으로 평가받는다. 샬랴핀(Feodor Ivanovich Chaliapin)은 러시아 출신의 전설적인 오페라 가수이며, 〈보리스 고두노프〉를 노래한 최고의 가수로 손꼽힌다. 메트(Met)는 메트로폴리탄 오페라 하우스(The Metropolitan Opera House)의 약칭이며, 뉴욕 맨해튼에 위치한 세계 최고 수준의 오페라 극장이다.
15 YPSL은 Young People's Socialist League의 약자이며, 미국 사회주의당의 청년 조직으로서 1907년에 설립되었다. YPSL은 사회주의적 가치와 이상을 젊은 세대에게 전파하고 정치적 변화를 도모하기 위해 마르크스주의와 진보적 정치사상을 교육하였고, 1910년대에서 1930년대까지 사회적, 경제적 불평등에 맞서기 위한 활동을 활발히 전개했다.
16 긴즈버그는 여기에서 19세기 미국의 대표적 여성 시인, 에밀리

디킨슨(Emily Dickinson)의 시 「내가 죽음을 위해 멈출 순 없어서—(Because I could not stop for Death—)」를 암시한다. 이 작품은 화자가 신사의 모습으로 찾아온 죽음과 함께 마차를 타고 삶을 되돌아보며 무덤으로 향하는 여정을 다루며, 마지막에는 "수 세기"가 지난 시점에서 그 여정을 바라보는 신비롭고도 초현실적인 시각이 드러난다. 이 시의 마지막 연은 다음과 같다.

> 그때 이후— 수 세기 흘렀건만—
> 말머리가 영원을 향한다고
> 내가 처음으로 짐작했었던
> 그 하루보다 더 짧게 느껴지네—

17 여기에선 1941년 겨울, 앨런이 혼자 나오미를 요양원에 데리고 갔던 일화가 소개된다. 1937년 자해 소동으로 그레이스톤 병원에 입원했던 나오미는 2년 후 퇴원해서 잘 적응하는 것처럼 보였는데, "그날 오후" 다시 증상이 나타나게 되어 당시 집에서 어머니를 돌보던 앨런은 도움을 요청하기 위해 의사에게 전화를 걸게 된다. 의사는 앨런에게 나오미를 뉴저지주 레이크우드에 있는 사설 요양원으로 데려가라고 조언했고, 버스로 몇 시간 걸려 레이크우드에 도착할 때쯤 나오미는 이미 통제 불능 상태가 되어 있었다. 요양원이 그녀를 받아들이지 않자 앨런은 그녀를 근처 다른 요양소에 입소시키고 집으로 돌아온다. 그날 밤 나오미는 걷잡을 수 없이 난폭해졌고, 다음 날 루이스는 앰뷸런스를 불러 그녀를 힐그린 요양원으로 이송하고, 일주일 후 그레이스톤 병원에 정식 입원시켰다.

18 나오미의 시어머니이자 앨런의 친할머니 리베카는 흔히 부바(Buba)라고 불리는데, 결혼 전 나오미의 신경쇠약을 알게 되어 그녀를 며느릿감으로서 못마땅하게 여겼다. 나오미는 정신이 이상해지면서 시어머니와 남편에 대한 망상 증상을 보였는데, 그

들이 자신을 죽이려고 집이나 주변에 독을 살포한다거나 히틀러나 루스벨트와 공모해 자신을 잡으려 한다고 믿었다.

19 루스벨트는 미국 역사상 유일한 4선 대통령이다. 그가 재임시절 (1933-1945) 도입한 뉴딜 정책은 경기 부양뿐만 아니라 시장 개혁과 양극화 해소를 위한 일련의 제도적 개혁을 이뤄냄으로써 대공황과 세계대전 속에서 미국의 체제를 지켜내고 지속적 경제 발전을 견인하였다.

20 베이온은 뉴욕만에 접해 있는 뉴저지주의 도시이며, 산업과 항만 시설 등이 발달한 곳이다.

21 왐펌(wampum)은 아메리카 원주민의 화폐이다. 포카혼타스(Pocahontas)는 17세기 초 북미 원주민 부족 중 하나인 포우하탄(Powhatan)의 추장 딸이며, 영국인 존 롤프와 결혼하여 원주민과 식민지 개척자 간 평화를 도모하였다. 그녀는 결혼 후 영국으로 건너갔다가 병에 걸려 21세의 젊은 나이에 사망했다.

22 나오미는 1935년 신경쇠약으로 그레이스톤 병원에 입원하여, 당시 편집형 조현병에 처방되던 인슐린 치료를 40회에 걸쳐 받게 되었다. 또한 그녀는 발작 증세 때문에 메트라졸 치료도 받았는데, 이로 인해 체중이 늘고 몸이 붓기 시작했다. 나오미는 이 병원에서 의사들이 자신을 조종하기 위해 등에 전선과 막대기를 이식했다는 망상에 빠지게 되었다.

23 여기에서도 나오미는 시어머니 부바가 독성 세균을 뿌리려고 자루를 짊어지고 화재 비상구로 올라온다고 상상한다.

24 그라프 체펠린(Graf Zeppelin)은 독일의 유명한 비행선 이름이며, 실제로는 큰 사고 없이 운행되었다. 추락 사고가 난 것은 그라프 체펠린이 아닌 힌덴부르크 비행선이었고, 1937년 미국 뉴저지주 레이크허스트에서 일어난 이 참사로 인해 많은 사상자가 생겨 미국 사회가 큰 충격에 빠졌다.

25 파르카이(Parcae)는 로마 신화에서 인간과 신의 운명을 관장하는

세 여신이다. 노나(Nona)는 인생의 실을 뽑고, 데키마(Decima)는 그 실을 측정하며, 모르타(Morta)는 실을 자르고 죽음의 방식을 결정하는 역할을 맡는다.

26 나오미는 1918년, 독감으로 어머니가 사망하게 되자 그 충격으로 1919년에 첫 번째 정신쇠약을 경험한다. 그녀는 소리와 빛을 견디지 못해 몇 주 동안 커튼을 치고 방에 틀어박혀 누워 있었다. 루이스와 약혼한 상태였던 나오미는 증세가 곧 나아지리라 믿었고, 회복이 되자 계획대로 루이스와 결혼하였다.

27 『이상한 나라의 앨리스』에는 앨리스에게 방향을 제시하거나 조언을 해주는 체셔 고양이가 등장한다.

28 여기에 열거된 이름들은 미국 사회의 정의와 평등, 창조성을 상징하는 인물들이다. 사코(Nicola Sacco)와 반제티(Bartolomeo Vanzetti)는 이탈리아계 이민자로서 1920년에 강도 및 살인 혐의로 유죄 판결을 받고 사형당했다. 이들의 재판은 미국 내 반이민 정서와 정치적 억압, 특히 무정부주의와 노동운동에 대한 탄압을 보여주었다. 노먼 토마스(Norman Thomas)는 미국 사회당 지도자로 1930년대에 진보적 경제 개혁과 평화를 주장하던 사회 정의의 아이콘이었다. 뎁스(Eugene Victor Debs)는 노동운동 지도자이자 정치인이며, 미국에서 사회주의를 대중적으로 알렸던 인물이다. 나오미와 루이스는 앨런의 형 이름도 뎁스를 존경하는 의미에서 유진으로 지었다. 일리노이주 주지사였던 알트겔드(John Peter Altgeld)는 1886년 헤이마켓 사건(Haymarket Affair)으로 유죄 판결을 받은 노동 운동가들을 사면한 것으로 유명한 정치인이다. 샌드버그(Carl Sandburg)는 민주주의와 미국적 경험, 노동자와 평범한 사람들의 삶을 노래했던 시인이다. 포우(Edgar Allan Poe)는 19세기 미국 문학의 르네상스를 이끈 거장이다. 리틀 블루의 책(Little Blue Books)은 20세기 초반 미국에서 출판된 저가의 소형 책 시리즈이며, 다양한

주제(문학, 과학, 철학, 정치 등)의 작품을 대중에게 소개하고 전파하는 데 크게 기여했다.

29 마터호른은 해발 4,478미터의 봉우리로서 알프스 산맥의 유명한 3대 북벽 중 하나이다. 그랜드 캐년은 미국 애리조나주에 위치한 대협곡(大峽谷)으로서 깊고 광대한 침식 공간으로 유명하다. 마터호른이나 그랜드 캐년은 시인의 강렬한 성적 경험이나 성적 갈망을 암시한다.

30 CCNY는 뉴욕 시립대학(City College of New York)의 약자이다. 머리에 기름을 바르는 것은 당시 뉴욕 젊은이들 사이의 유행이었다.

31 즈다노프는 스탈린 시대 문화와 예술에 대한 강력한 검열 정책을 추진했던 고위 정치인이다. 트로츠키는 스탈린과의 권력 투쟁에서 패배하여 망명했던 공산주의 이론가이자 러시아 혁명의 주역이다. 두 인물은 나오미의 정치적, 이념적 불안과 두려움을 보여준다.

32 헤이그(Hague)는 국제사법재판소와 국제형사재판소가 위치한 국제 정치와 법률의 중심지이며, "헤이그 음모"는 국제 외교나 정치에서의 음모를 암시한다.

33 팻 이브 뉴스(Pat Eve News)는 뉴저지주 패터슨의 지역 신문인 *Paterson Evening News*의 줄임말이다.

34 몰록 탑(Moloch tower)은 패터슨 시청을 묘사하는 표현이다. 몰록은 고대 중동의 신으로서, 아이를 제물로 바치게 하는 무자비함과 막강한 힘을 특징으로 한다. 따라서 "몰록 탑"은 압도적이면서도 두려움을 일으키는 정치적, 사회적 권력을 상징한다. 리옹 시청은 17세기 중반에 세워진 웅장한 바로크 양식의 건축물로서, 복잡하고 화려한 외관, 대형 발코니, 장식적 조각들로 유명하다.

35 '호손'은 19세기 미국 소설가 너대니얼 호손(Nathaniel Hawthorne)

을 가리키며, "호손으로 가득 찬 비밀 지도실"이란 죄와 양심 같은 인간 내면의 주제를 다루었던 호손의 문학세계와 지도실 공간의 특성을 병치시킨 표현이다. 뎁스는 미국의 사회주의 운동가이자 노동조합 지도자로서, 경제적 불평등과 자본주의의 부당함을 강하게 비판했던 인물이다. "세금 위원회의 어두운 뎁스"란 표현은 이상적인 사회주의 가치가 자본주의의 관료 체제 내에서 세금 기구와 같은 실리적 조직으로 대체된 현실을 풍자한다.

36 모스카(Mosca)는 이탈리아어로 '파리'를 뜻하며, 문학에서 간교하고 교활한 인물의 이름으로 자주 사용되었다. 특히 영국 극작가 벤 존슨(Ben Jonson)의 희극 『볼포네(*Volpone*)』의 악한으로 유명한데, 이 극에서 모스카는 주인공 볼포네의 하인으로 등장해 교활한 음모를 꾸미고 계속 사람들을 속이는 악행을 저지른다.

37 소네트(sonnet)는 이탈리아 시인인 페트라르카(Francesco Petrarca)가 확립한, 세속적 사랑을 노래하는 서정시를 일컫는다.

38 스텐카 라진(Stenka Razin)은 17세기 러시아의 민중 지도자이다. 그는 남부 러시아에서 농민과 코사크의 지지를 받아 1670년부터 1671년까지 귀족과 차르의 관료제에 맞서 대규모 반란을 일으켰다가 반란 진압과 함께 처형되었다.

39 데일리 워커(*Daily Worker*)는 미국 공산당의 기관지로서, 1924년부터 1958년까지 발행된 신문이다. 이 신문은 미국 내 좌파 및 노동자 계층의 목소리를 대변했으며, 노동운동, 시민권, 국제 문제 등 다양한 주제를 다루었다.

40 나오미는 1941년에 그레이스톤 병원에 재입원한 후 일 년이 지나 집으로 돌아오지만, 더 이상 결혼 생활을 유지할 수 없어 1943년에 루이스와 별거한 후 곧 이혼한다. 그녀의 언니 엘러너는 국립 해양 노동조합의 의사인 루리아에게 나오미를 소개했고, 나오미는 그의 사무실에서 수납 계원으로 일하다가 그와 연인이 되었

다. 그녀가 루리아와 동거하는 동안 앨런은 컬럼비아 대학에 입학하였다. 나오미는 동거한 지 얼마 되지 않아 루리아가 루이스, 부바와 결탁했다고 믿고서 1946년에 루리아를 떠난다. 그녀는 맏아들 유진과 살려고 했지만 여의치 않자 브롱크스에 살고 있던 엘러너 언니 옆으로 이사한다.

41 우드바인(Woodbine)은 나오미가 처녀 시절 교사 생활을 했던 뉴저지주의 마을이다.

42 부헨발트(Buchenwald)는 나치 정권하에 유대인, 정치범, 동성애자, 집시 등 수많은 사람이 감금되고 죽었던 독일의 악명 높은 부헨발트 강제 수용소를 의미한다.

43 밀츠(miltz)는 소나 양의 비장을 굽거나 삶아서 곁들인 재료와 함께 먹는 유대인의 전통 요리이다.

44 나오미는 앨런이 3살 때인 1929년 췌장 수술을 받았는데, 이는 사경을 헤맬 정도로 심각한 수술이었고 "흉측하고 두꺼운 지퍼처럼 보이는" 상처를 남기게 된다. 수술의 여파로 그녀가 아이들을 돌볼 수 없게 되어 긴즈버그 가족은 그녀의 언니 엘러너의 집에서 6개월을 함께 살았다. 나오미는 회복 중 다시 신경쇠약에 걸리는데, 이는 어머니를 여읜 후 경험한 첫 번째 신경쇠약보다 더 심각해서 그녀는 결국 블루밍데일 요양소에서 장기 치료를 받게 되었다.

45 이 대목은 정통 유대교 카디쉬의 직접 인용 부분이다.

46 빅퍼드는 20세기 중반 미국에서 인기를 끈 저렴한 식당 체인 Bickford's Cafeteria를 가리킨다. 빅퍼드는 특히 작가, 예술가, 지식인들이 애용했던 장소로 유명했다.

47 나오미는 루리아를 떠난 후 언니 엘러너와 같은 아파트에 살고 있는 엘러너의 시누이 이디(Edith Frohman)의 집으로 이사했다. 나오미와 이디는 한동안 공산당 모임을 비롯해 정치적 활동을 함께했다. 나오미는 브롱크스에서 성인 고등학교 야간 미술

수업에 등록해 그림을 그리기도 했는데, 얼마 후 점점 더 난폭해 져서 류머티즘 심장병을 앓고 있던 엘러너를 걷어차기 시작했다. 앨런은 설득해도 소용없자 마침내 경찰을 불러 1949년, 그녀를 필그림 주립 병원으로 이송시켰다.

48 밴 코틀런드 고가철도(Van Cortlandt Elevated line)는 뉴욕 브롱크스에 위치한 밴 코틀런드 공원을 경유하는 뉴욕 지하철 1호선의 일부 구간이다.

49 긴즈버그 가족은 나오미가 1935년에 다시 발병하기 전까지 매년 여름, 해변으로 여행을 가거나 뉴욕주의 공산당 캠프에 참가하였다. 앨런은 성인이 된 후에도 어린 시절 '근심 없는 캠프(Camp Nicht-Gedeigat)'에 참가해 먼로 호수에서 아이들과 놀던 것과 부모들이 열띠게 정치 토론 하던 것을 기억했다.

50 바빌론 아파트(Babylonian apartment)라는 표현은 성서 속 타락한 도시 바빌론의 이미지와 연관되어, 브롱크스 지역의 아파트들이 겉으로는 화려하고 웅장하지만 부패하고 타락한 도시 문명의 일부임을 암시한다.

51 여기에서 나오미가 열거하는 "그들"은 억압적 권력을 상징하는 인물들이다. 독재자 히틀러를 비롯하여, 히틀러와 협력해 유럽 파시즘의 주축이 되었던 무솔리니, 스페인 내전 이후 파시스트 정권을 통치한 스페인 독재자 프랑코, 황색 저널리즘의 대명사인 미국 신문 재벌 허스트 등은 민주주의의 근간을 파괴했던 사람들이다.

52 이 행은 나오미가 읊는 노래 가사의 인용이다.

53 여기에서 반 고흐는 미친 듯한 예술적 열정을, 해너(Hannah)는 절실한 영적 갈망을 보여주는 인물이다. 해너는 이스라엘의 마지막 사사이자 첫 선지자인 새뮤얼(Samuel)의 어머니로서, 아이를 낳지 못해 고통받다가 간절한 기도 끝에 아들 새뮤얼을 낳았다.

54 "슈마 이스라엘(Shema Y'Israel)"은 유대교의 가장 중요한 기도

중 하나로, 히브리어로 "들으라 이스라엘아"라는 뜻이다. 전체 기도문은 "이스라엘아 들으라, 주는 우리의 하나님이시요, 오직 하나이시다"이다. 유대인들이 매일 두 번씩 낭송하고 죽을 때나 위기와 절망의 순간에 외우는 이 기도는 유일신에 대한 절대적 믿음을 강조하는 유대 신앙의 핵심이다. 한편 시인은 "난 즈불 아브럼(I am Svul Avrum)"이란 표현을 통해 자신을 고통받는 영적 존재들의 계보 속에 위치시키는데, '즈불'은 히브리어로 '고통받다', '인내하다'의 뜻이고, '아브럼'은 구약성서에 나오는 믿음의 조상 아브라함을 가리킨다.

55 나오미가 입원한 필그림 주립 병원 의사들은 난폭하거나 파괴적인 환자들을 대상으로 전두엽 절제 수술을 진행했고, 1949년에 나오미도 이 수술을 받게 되었다. 수술 후 그녀의 증세는 호전되기는커녕 대인공포증만 심해졌고, 앨런은 종종 병원을 방문하였지만 그녀는 점점 더 그를 알아보지 못했다. 1953년 1월 18일 마지막 방문에서 나오미는 아들을 전혀 알아보지 못한 채 자기의 방으로 다시 가겠다고만 말했다. 이 마지막 만남에서 앨런은 많이 울었다고 한다.

56 카르마(Karma)는 우리말로 업(業)으로 번역되며, 운명을 뜻하는 힌두교와 불교의 개념이다. 가르보는 비극적이면서도 신비로운 아름다움으로 유명했던 스웨덴 출신의 여배우 그레타 가르보(Greta Garbo)를 가리킨다.

57 1953년, 앨런은 뉴욕을 떠나 멕시코에서 얼마간 체류한 후 샌프란시스코에 가서 「울부짖음(Howl)」을 쓰기 시작했다. 출판을 위해 한창 「울부짖음」을 수정하고 있던 1956년 6월 9일, 앨런은 어머니의 사망 전보를 받게 된다.

58 오를로프스키는 제사와 헌사 주 2 참고. 웨일런(Philip Whalen, 1923-2002)은 샌프란시스코 르네상스를 주도한 비트 세대 시인이자 소설가이다.

59 나오미(Naomi)는 구약성서「룻기」에 등장하는 인물로서, 남편과 두 아들을 모두 잃은 후 '기쁨'이란 뜻의 이름 나오미를 '쓴맛'이란 의미의 "마라"로 바꾼다. 그러나 그녀는 상실과 고통 속에서도 하나님의 섭리를 믿고, 자신을 돌보던 헌신적인 며느리 루스를 친척인 보아스와 결혼시킨다. 그들의 자손은 훗날 다윗 왕의 조상이 되며, 나오미는 하나님에 대한 믿음과 가족 간의 헌신과 사랑을 상징하는 인물이 되었다.

60 레베카(Rebecca)는 구약성서「창세기」24장에 나오는 인물로서, 아브라함의 아들 이삭의 아내이자, 쌍둥이 아들인 에서와 야곱의 어머니이다. 그녀는 아름답고 친절한 인물로 묘사되며, 에서 대신 야곱이 아버지의 축복을 받게 도와 가족의 운명을 바꾼다.

61 "그림자 속에 거하시는 그분(He who dwells in the shadow)"이란 표현은 구약성서「시편」91편 1절에 나오는 "지존자의 은밀한 곳에 거하며 전능자의 그림자 아래 사는 자"라는 구절과 연관되며, 신이 보이지 않는 곳에서 인간을 보호하고 인도함을 암시한다.

62 스페인 내전(1936-1939)은 프랑코(Francisco Franco) 장군을 중심으로 한 군부가 쿠데타를 일으키면서 시작되었고, 단순한 내전을 넘어 국제적 이념 대결의 장이 되어 약 50만 명이 사망하는 큰 피해를 남기며 프랑코 독재 권력의 승리로 막을 내렸다.

63 마 레이니(Ma Rainey)는 '블루스의 어머니'라 불리는 미국 블루스 음악의 선구자이다.

64 이 행은 체코슬로바키아의 작가 카렐 차페크(Karel Čapek)의 1921년 연극, R.U.R. (Rossum's Universal Robots)을 암시한다. '로봇'이라는 단어를 처음으로 대중에게 각인시킨 이 작품은 로봇들이 반란을 일으키는 디스토피아 세계를 그리고 있다.

65 「카디쉬」의 마지막 장은 시인이 어머니 무덤을 처음으로 방문했던 체험에 기초해 1959년 겨울에 쓰여졌다. 긴즈버그가 어머니

의 묘지에 방문했을 때 까마귀들이 시끄럽게 울어댔고, 그는 반 고흐 작품, 〈까마귀가 나는 밀밭〉과 포우의 시, 「갈까마귀(The Raven)」를 떠올리면서 그 소리를 노트에 적었다. 5장에서 시인은 까마귀의 울음소리 '까악(caw)'을 반복적으로 사용하여 언어보다 더 근원적인 소리로 마지막을 장식한다. 이 소리는 어떤 언어로도 닿지 못하는 슬픔과 애도의 정서를 드러내며 특히 동일한 소리의 반복을 통해 정서를 강조하고 배가시키는 효과를 자아낸다.

66 셰올(Sheol)은 히브리어로 죽음의 세계를 뜻한다.

시 로켓

1   냉전 시대 우주개발을 배경으로 하는 이 작품은 자신의 시를 로켓처럼 독자에게 보내고 싶은 시인의 욕망을 그리고 있다. 긴즈버그는 이 시에서 석유 재벌들이 외계인과 거래하고 다양한 종교 지도자들이 여러 행성에 나타나는 모습 등을 상상하면서, 자신의 메시지가 독자에게 닿아 순수한 사색과 보편적 가치들을 환기시키길 희망한다.

2   그레고리 코르소(Gregory Corso, 1930-2001)는 미국 비트 세대의 대표적 시인 중 한 사람이다. 그는 긴즈버그, 잭 케루악 등과 함께 비트 문학 운동을 이끌며, 파격적이고 반항적인 작품들을 선보였다. 그의 대표작 「폭탄(Bomb)」은 핵폭탄을 주제로 한 작품으로서 독특한 레이아웃과 실험적 형식으로 큰 반향을 불러일으켰다.

3   쿠바혁명(1953-1959)은 정치적, 사회적 변혁 운동으로서, 피델 카스트로(Fidel Castro)가 이끄는 혁명군이 미국의 지원을 받던 부패한 바티스타(Fulgencio Batista) 독재 정권을 무너뜨리고 공

산주의 정부를 수립하면서 마무리되었다.

4   스피노자는 신과 자연을 동일시한 범신론으로 유명하다. 그는 렌즈 연마사로서 생계를 유지했으며, 그가 직접 갈고 닦은 렌즈를 가지고 당대 천문학자들이 우주를 탐구하였다고 한다.

5   휘트먼(Walt Whitman, 1819-1892)은 긴즈버그 시의 형식과 내용에 커다란 영향을 주었다. 대표 시집『풀잎(Leaves of Grass)』에서 휘트먼이 보여준 파격적인 자유시 형식과 모든 속박에서 해방된 인간에 대한 비전, 민주주의의 가치, 개방적 세계관은 긴즈버그에게 고스란히 전승되었다.

6   밀턴(John Milton, 1608-1674)은 블레이크(William Blake)나 셸리(Percy Bysshe Shelley) 같은 영국 낭만주의자들에게 커다란 영향을 미친 시인이다. 프랑스 혁명의 여파 속에서 많은 낭만주의자들은 청교도 혁명의 주역이었던 밀턴의 정치적 이상주의, 인간의 해방과 자유에 대한 믿음, 상상력과 신비적 영성에 공감과 경의를 표했고, 그의 다양한 시적 실험을 본받으려 노력하였다. 낭만주의 1세대를 대표하는 블레이크의 경우 밀턴의『실낙원(Paradise Lost)』을 읽고 인간의 자유와 상상력의 문제를 탐구하게 되었고, 밀턴을 주인공으로 하는 서사시,『밀턴(Milton: A Poem)』을 쓰기도 했다. 낭만주의 2세대를 대표하는 셸리도 밀턴의 작품에 크게 영향받아 혁명적 이상과 상상력의 자유를 노래했으며,『실낙원』의 루시퍼처럼 전제적 권력에 맞서는 주인공을 내세운 서사시『해방된 프로메테우스(Prometheus Unbound)』를 남겼다.

유럽! 유럽!

1   이 시는 유럽 도시들에 대한 단상으로 시작하여 지구에서 벌어

지는 여러 갈등과 고통, 전쟁과 정치적 혼란, 기계문명과 소외, 불완전한 사랑과 인간관계를 성찰하고 새로운 시대와 인간의 탄생을 염원한다.

2 비버브룩 경(Lord Beaverbrook)은 영국의 언론 재벌이자 정치가 맥스 에이트컨(Max Aitken, 1879-1964)을 뜻한다. 그는 세계 최대의 대량 발행 신문인 『데일리 익스프레스(*Daily Express*)』 소유주이자 하원의원으로서 다양한 정부 부처 장관으로 활동하며 정치와 언론에서 큰 영향력을 발휘하였다.

3 트라팔가 분수가 설치되어 있는 트라팔가 광장은 1805년 나폴레옹 전쟁 중 영국 해군이 트라팔가 해전에서 프랑스와 스페인 연합군을 물리친 것을 기념하여 만들어졌고, 영국의 해상 패권을 상징하는 역사적 장소이다.

4 세인트 폴 대성당은 런던의 대표적인 종교 건축물 중 하나이며, 지름 34m의 거대한 둥근 지붕(돔)으로 유명하다.

5 도버해협의 해안 절벽, 특히 흰색 석회암으로 이뤄진 백악 절벽은 프랑스와 영국을 구분하는 경계선이자 영국의 대표적인 자연경관이다.

6 아폴로(Apollo)는 그리스 신화에서 시와 음악을 관장하는 신이며, 균형과 조화, 예술적 아름다움을 상징한다.

린지에게

1 베이철 린지(Vachel Lindsay, 1879-1931)는 미국 시인이자 노래시(singing poetry)의 창시자이다. 노래시는 시인이 무대에서 직접 시를 낭송하는, 시와 음악, 행위예술이 결합된 예술이다. 자신이 태어난 미국 중서부를 노래해 "대평원의 음유시인(Prairie Troubador)"으로 알려졌던 린지는 재정 문제와 건강 악화 등으

로 우울증에 빠져 라이솔을 음독하고 생을 마감했다.
2 라이솔(Lysol)은 1899년 최초로 출시된 미국의 대표적 살균제 브랜드이다. 20세기 초반 라이솔은 자살 수단으로, 대공황부터 1960년대까지는 여성들의 피임제나 낙태제로 오용되었다.

메시지

1 레이크허스트(Lakehurst)는 미국 뉴저지주 오션 카운티에 있는 자치구이며, "세계 비행선의 수도"라는 별칭처럼 비행선 제작과 운행 기지로 유명한 곳이다. 비행선은 공기보다 가벼운 기체를 담거나 공기를 데워 부력으로 운행하는 풍선 모양의 비행체를 지칭한다.

로즈 고모에게

1 스페인 공화파(Spanish loyalist)는 공화주의를 지지하던 스페인 내전의 주요 세력을 지칭한다. 스페인 내전은 「카디쉬」 주 62 참고.
2 오즈본 테라스는 뉴저지주 뉴어크의 거리 이름이며, 긴즈버그의 가족이 살았던 곳이기도 하다.
3 캘러마인(calomine)은 옻나무 독성 치료에 많이 사용되는 캘러마인 미네랄 분말로 만든 약물이다.
4 탬버레인은 극작가 말로우(Christopher Marlowe, 1564-1593)의 작품, 『탬버레인 대왕(Tamburlaine the Great)』의 주인공 이름이며 몽골 제국의 번영을 이끈 황제이자 탁월한 전략가의 이름이기도 하다.
5 리버라이트(Liveright)는 1923년 설립된 미국의 독립 출판사로

서, 혁신적이고도 실험적인 작품 출판으로 유명하다.
6   『과거의 다락방(The Attic of the Past)』과 『영원한 순간(Everlasting Minute)』은 긴즈버그의 아버지 루이스 긴즈버그의 시집들이다.
7   해석 무용(interpretive dancing)은 이사도라 던컨이 창시한 현대 무용의 한 갈래이다. 해석 무용은 클래식 음악을 사용하지만 클래식 발레 대신 인간의 감정이나 내면, 상황 등을 현대적인 움직임과 극적 동작을 통해 표현한다.

아폴리네르의 무덤에서

1   긴즈버그는 이 시에서 아폴리네르(Guillaume Apollinaire, 1880-1918)의 무덤을 방문하여 예술가들의 삶과 죽음, 인간의 유한성과 예술의 불멸성에 대해 성찰한다. 긴즈버그는 상상 속에서 20세기 초 파리의 문화 예술계 거장들과 만나 그들의 예술이야말로 불멸의 유산임을 깨달으며 그들에게 경의를 표한다. 아폴리네르는 폴란드계 리투아니아 귀족 가문에서 태어나 프랑스로 이주하여 시인이자 극작가, 소설가, 예술 평론가로 활동하였다. 그는 독창적이면서도 전위적인 창작 활동으로 유명한데, 문장부호 없이 글꼴이나 시행의 모양, 행간을 통해 작품을 도형화하는 칼리그람(Calligrams)이 그 예이다. 그는 죽어 페르 라셰즈(Père Lachaise)에 묻혔고, 1951년 그의 공적을 기념하기 위하여 파리 생 제르맹 데 프레 수도원 근처에 '아폴리네르 거리'가 생겼다.
2   아폴리네르의 시, 「언덕(Les collines)」에서 인용하였다.
3   페르 라셰즈는 파리에서 가장 큰 묘지로서 유명 예술가들의 매장지로도 유명하다. 이곳에는 아폴리네르 같은 문인 외에도 음악인들, 미술가나 무용가의 무덤이 있다.
4   제사와 헌사 주 2 참고.

5 아폴리네르의 무덤에는 십자가와 이름이 새겨진 화강암이 묘비 대신 서 있고, 바닥에는 그의 시 두 편을 새긴 묘석이 놓여 있다.
6 「울부짖음(Howl)」은 1956년 출판된 『울부짖음과 다른 시들(Howl and Other Poems)』에 수록되었으며, 비트 세대를 대표하는 시이자 현대 미국 문학의 기념비적 작품으로 평가받는다.
7 지트 르 쾨르(Git-le-Coeur)는 프랑스 파리 6구의 거리 이름이며, 18세기부터 20세기 후반까지 파리의 대표적 서점가였다. 특히 1957년부터 1963년까지 일명 '비트 호텔'로 알려진 9번지의 집은 긴즈버그를 비롯하여 여러 비트 시인과 예술가들이 머무른 곳으로 유명했다.
8 아폴리네르의 본래 이름은 빌헬름 알베르트 브워지미에슈 알렉산데르 아폴리나리 코스트로비츠키(Wilhelm Albert Włodzimierz Aleksander Apolinary Kostrowicki)이며, 긴즈버그는 여기에서 그의 이름을 영어식인 '윌리엄'으로 부른다.
9 주네(Jean Genet, 1910-1986)는 프랑스의 시인, 소설가, 극작가이다. 극단적 반항아이자 무정부주의자로도 유명하다.
10 아폴리네르의 1913년 작품 「구역(Zone)」은 시인이 파리를 24시간 동안 산책하며 보고 느낀 것들을 표현한 155행의 장시이다. 이 시는 아폴리네르 특유의 구두법 없는 행, 전위와 콜라주 기법을 보여주며, 자동차, 탐정, 광고판, 교회, 이민자, 예수, 믿음, 여행, 사랑 등 다양한 소재를 자유롭게 다루고 있다.
11 반 고흐는 1888년 12월 23일 저녁에 고갱과 말다툼 후 자신의 방에서 면도칼로 왼쪽 귀를 잘랐다. 아르토(Antonin Artaud, 1896-1948)는 프랑스의 시인이자 극작가이다. 그가 제창한 '잔혹 연극'은 20세기 연극 전반에 큰 영향을 끼쳤다.
12 막스 자코브(Max Jacob, 1876-1944)는 프랑스의 시인, 화가, 비평가이다. 그는 상징주의와 초현실주의를 매개하며 프랑스 현대시에 새로운 방향을 제시하였다. 그는 피카소를 아폴리네르에게

소개시켜 입체파의 발전을 도왔다.
13 바토 라부아르(Bateau Lavoir)는 파리 몽마르트르 지구에 있는 건물의 별명으로, 폭풍우가 치면 센강 세탁선처럼 흔들리고 삐걱거려 막스 자코브가 붙인 이름이다. 바토 라부아르는 20세기 초 파리의 유명 문화 예술계 인사들의 만남의 장소로 많은 문인, 예술가들이 이곳을 거쳐 갔다. 이곳의 가장 유명한 일화는 1908년 피카소가 개최한 '루소의 밤' 연회이다.
14 루소(Henri Rousseau, 1844-1910)는 파리 세관원으로 근무하며 전문적인 미술 교육 없이 독학으로 그림을 그렸던 화가이다. 그의 작품은 어색한 인체 비례나 환상과 사실의 결합으로 인해 화단의 조소와 비난을 받았지만 작품의 원시적 생명력과 환상성, 강렬한 색채가 피카소, 아폴리네르를 비롯한 많은 예술가들에게 영향을 주면서 사후에 높이 평가되었다. 루소가 처음 빛을 보게 된 계기는 그의 천재성을 알아본 피카소가 개최한 '루소의 밤' 연회 때문이었다. 루소의 작품을 구입한 피카소는 연회에서 작품을 공개하며 루소를 소개했고, 아폴리네르는 루소를 위해 즉흥시를 바쳤으며, 루소는 기뻐서 자신의 자작곡들을 바이올린으로 연주했다. 당대 최고 예술가들이 문전성시를 이룬 이 연회는 곧 파리 문화계의 전설이 되었다.
15 차라(Tristan Tzara, 1896-1963)는 루마니아 태생의 프랑스 시인이자 행위 미술가이다. 그는 무정부주의적 허무주의 운동인 다다(Dada)의 창시자이며, 1919년 파리에 정착한 후 앙드레 브르통(André Breton), 루이 아라공(Louis Aragon)과 함께 다다이즘 운동을 이끌었다. 그러나 차라는 1921년 이들과 견해 차이로 갈라서게 되고, 결별 이듬해 브르통은 초현실주의를 주창하게 된다. 차라는 1929년 이들에게 합류하여 1935년까지 초현실주의 시를 쓰지만, 1936년 공산당에 합류하면서 다시 브르통과 결별한다. 차라는 스웨덴의 예술가 그레타 크누트손(Greta

Knutson)과 결혼했다.

16 블레즈 상드라르(Blaise Cendrars, 1887-1961)는 스위스 태생의 프랑스 시인이자 소설가이다. 그는 십대 시절 체류했던 러시아에서 글을 쓰기 시작했고, 1912년 파리에 정착했다. 그의 대표작 「시베리아 횡단과 프랑스의 어린 잔의 산문(La Prose du Transsibérien et de la Petite Jehanne de France)」은 2미터 길이의 종이 오른편에 상드라르가 10가지 다른 서체로 긴 자유시를 적고 왼편에는 화가 소니아 들로네(Sonia Delaunay)가 시와 평행이 되게 다채로운 색채로 그림을 그려 넣은 실험적 작품이다. 이 시는 어린 프랑스 여성 잔이 시베리아 횡단 열차를 타고 모스크바에서 시베리아를 거쳐 파리에 도착하는 여정을 그리고 있다.

17 자크 바셰(Jacques Vaché, 1895-1919)는 프랑스의 작가이며, 앙드레 브르통에게 영감을 준 인물이다. 바셰는 1차세계대전에 징집되어 크게 부상을 입었고 전쟁 후 23세 나이에 아편 과다 복용으로 사망했다.

18 콕토(Jean Cocteau, 1889-1963)는 프랑스의 시인, 소설가, 극작가, 영화감독이다. 그는 아방가르드 예술가로서 시, 소설, 연극, 영화 등 다양한 장르를 넘나드는 왕성한 활동을 펼쳤다. 라디게(Raymond Radiguet, 1903-1923)는 프랑스의 소설가로서, 1922년 『육체의 악마(Le Diable au corps)』로 일약 문단의 신성으로 떠올랐으나, 이듬해 멘토인 장 콕토에게 "사흘 후 신(神)의 군사들에게 총살당할 것"이라는 말을 남긴 후 장티푸스로 사망하였다. 그의 장례식에는 파리의 유명 예술가들이 대거 참석했고 콕토는 충격 때문에 참석도 하지 못했다.

19 리고(Jacques Rigaut, 1898-1929)는 프랑스의 초현실주의 시인이자 다다이스트이다. 그는 죽음에 몰두하다가 30세에 총으로 심장을 쏘아 자살했다.

20 지드(Andre Gide, 1869-1951)는 20세기 초반 프랑스 문단을 대

표하는 소설가이다.
21 몽파르나스(Montparnasse)는 파리 남쪽 센강 서안에 있는 번화가이다. 1차세계대전이 발발하자 몽마르트르의 바토 라부아르와 그 주변에 살던 예술가들은 몽파르나스로 이주하였다. 1910년대 전성기를 구가한 몽파르나스는 2차세계대전 발발로 동력을 상실하고 침체하게 되었다.
22 "뒤집힌 가슴"은 아폴리네르의 칼리그람 「가슴, 왕관 그리고 거울(Cœur, couronne et miroir)」에서 하트 모양으로 배열된 시행, "뒤집힌 불꽃 같은 내 가슴(Mon coeur pareil à une flamme renversée)"을 지칭한다.
23 인용된 행(Habituez-vous comme moi/ À ces prodiges que j'annonce)은 아폴리네르의 시, 「언덕」의 일부분이다.
24 인용된 행(Et quelle voix sinistre ulule/ Guillaume qu'es-tu devenu)은 아폴리네르의 시, 「건강을 위하여(À la Santé)」의 일부분이다.
25 『알코올(Alcools)』은 1913년 출판된 아폴리네르의 시집이다. 사랑과 상실, 초현실이란 주제를 다루는, 모더니즘의 기념비적인 작품이다.
26 프랑스 남동부의 리비에라(Riviera)는 2차세계대전 중 이탈리아 파시즘과 독일 나치즘의 침공을 모두 당했던 전쟁터였다.
27 페르 라셰즈에 있는 프랑스 배우이자 작가 브레몽(Léon Brémont)의 가족묘를 일컫는다.

진짜 사자

1 이 시는 '사자'로 상징되는 화자 내면의 강력한 힘이나 굶주린 욕망, 혹은 신성한 존재와의 관계를 묘사한다. 화자는 오랜 시간

사자를 두려워하면서도 떠나지 못하는 이중적 심리 속에 고통받으며, 마침내 사자를 '주님'이라 부르며 죽음마저 각오한 채 그 자비를 기다리는 모습으로 변화한다.

2   이 시의 제사(題詞)는 아폴리네르의 시집 『알코올』에 수록된 「비운의 사랑 노래(La Chanson du Mal-Aimé)」에서 인용했다.

3   라이키언 치료(Reichian therapy)는 정신분석가 빌헬름 라이히(Wilhelm Reich)의 성격 병리학에 기초한 치료법이다. 성격 병리학은 많은 정신적 장애가 성적 억압에서 연유한다고 보며, 죄책감 없는 적극적 성생활을 권장하고 성적 에너지 해방을 위해 오르가슴을 강조한다.

4   이그누(ignu)는 긴즈버그가 특정 유형의 인간을 지시하기 위해 만들어낸 단어이다. 그는 동명의 시에서 이그누를 "딱 한 번이자 영원히 사는" 존재라고 말하며, 예술가들이나 자신의 많은 친구들이 이그누라고 말한다.

5   티글론(Tiglon)은 수컷 호랑이와 암컷 사자가 교미해 낳은 동물이고, 히포그리프(Hippogriff)는 말의 몸과 독수리의 머리와 날개를 가진 신화적 동물이다.

6   스모키 산맥은 애팔래치아 산맥에서 분기되어 미국 남동부 테네시주와 노스캐롤라이나주의 경계를 이루는 산맥이다.

7   할렘(Harlem)은 미국 뉴욕시 맨해튼의 센트럴 파크 북쪽에 있는 미국 최대의 흑인 거주 지역이다. '할렘 르네상스'라 일컫는 흑인 예술이 꽃핀 곳이기도 하며, 긴즈버그가 다녔던 컬럼비아대학도 할렘에 위치한다.

이그누

1   이 시는 긴즈버그가 이그누(ignu)라 명명한 독특하고도 신비로

운 존재에 대한 노래이다. 이그누는 순수하고 자유로우면서도 반항적인 존재로서 사회적 규범에서 벗어난 삶을 살아가며, 고독하고 독립적이며 자신만의 고유한 정체성을 지니고 있다. 긴즈버그는 이그누의 다양한 성격을 보여주면서 예술적 영혼을 지닌 이들의 삶을 흥미롭게 재현한다.

2   W. C. 필즈(W. C. Fields, 1880-1946)는 미국의 코미디언이자 배우이다. 그는 주로 냉소적이면서도 허풍스러운 캐릭터를 연기했고, 인간의 한계와 어두운 면을 풍자하여 대중의 사랑을 받았다. 하포 마르크스(Harpo Marx, 1888-1964) 역시 미국의 코미디언이자 배우이다. 그는 천진난만하면서도 장난기 많은 캐릭터로 유명했다.

3   영지(gnosis)는 진리에 대한 직관적 깨달음을 의미하며, 영지주의(gnosticism)는 영지를 통한 구원을 강조하는 고대의 종교적, 철학적 사상이다. 영지주의는 내면의 탐구를 강조하고 물질세계에 대해 비판적이라는 점에서 현대 신비주의와 연결된다.

4   파크 애비뉴는 고급 상업 지구와 주거지로 유명한 미국 뉴욕 맨해튼의 거리이다.

5   2세대 영국 낭만주의를 대표하는 시인 키츠(John Keats)와 셸리는 모두 로마에 있는 비가톨릭교도 묘지에 안장되었다.

6   코울리지(Samuel Taylor Coleridge, 1772-1834)는 1세대 영국 낭만주의 시인이다. 그는 「노수부의 이야기(The Rime of the Ancient Mariner)」와 「쿠블러 칸(Kubla Khan)」같이 인간의 무의식을 다루는 초자연적 작품들로 유명하다.

7   수피(Sufi)는 이슬람 신비주의 전통을 따르는 사람들을 일컫는다. 이들은 전통적인 이슬람 율법보다는 영적 체험과 신과의 교감을 중시한다.

8   록펠러 센터는 미국 뉴욕 맨해튼 미드타운에 위치한 대규모 상업·오락 복합 단지이다.

9   블레이크(William Blake, 1757-1827)는 1세대 영국 낭만주의 시인이다. 긴즈버그는 1948년 뉴욕 할렘의 한 아파트에서 「아! 해바라기(Ah! Sun-flower)」를 비롯한 블레이크의 시들을 읽다가 갑자기 블레이크의 목소리를 환청처럼 듣게 된다. "깊고 천둥처럼 울리는 목소리"를 들으며 긴즈버그는 온 세상이 신성한 빛으로 충만해지는 환희를 느꼈고, 이 체험을 진정한 계시라 믿고서 블레이크를 자신의 영적 스승으로 받아들였다.

10 페텐 열대우림은 과테말라 북부에 위치하며, 전성기인 8세기에 수백만 명의 원주민이 거주하며 마야문명을 일구어낸 곳이다.

11 엘리엇(T. S. Eliot, 1888-1965)은 1922년 발표한 『황무지(The Waste Land)』로 전 세계 문단에 커다란 반향을 일으키고 왕성한 평론 활동을 통해 모더니즘을 이론화한 시인이자 비평가이다.

12 윌리엄스(William Carlos Williams, 1883-1963)는 뉴저지주 패터슨시 외곽에서 태어나 평생 고향에서 내과 의사로 지내며 시를 썼다. 그는 일상 언어와 대중문화, 평범한 미국인의 삶을 중시했고, 대공황이나 냉전 시대 정치 상황 등 사회적 현안에 대해서도 적극적으로 발언했다. 그는 패터슨 출신인 긴즈버그를 직접 만나 조언과 격려를 아끼지 않았으며, 긴즈버그의 첫 시집 『울부짖음과 다른 시들』의 서문까지 써주며 후원하였다.

13 버로우즈(William S. Burroughs, 1914-1997)는 미국의 비트 세대 소설가이다. 그는 정치적, 사회적, 성적 금기의 주제를 거침없이 다루었고, 해체적이고도 초현실적인 스타일을 통해 전통적인 서사 구조를 무너뜨렸다. 그는 긴즈버그와 잭 케루악, 그레고리 코르소 등 비트 세대 예술가들과 긴밀히 교류하였다.

14 셀린(Louis-Ferdinand Céline, 1894-1961)은 프랑스의 작가이자 의사이다. 그의 작품은 리듬감 있는 일상어 사용과 격렬한 감정 표현, 인간의 어두운 면을 드러내는 비관적 주제를 특징으로 한다.

반 고흐 귀에 죽음을

1 반 고흐가 1888년 고갱과의 논쟁 끝에 면도칼로 자신의 귀를 잘라버린 사건은 예술의 순수성에 대한 그의 고집과 창작의 고통을 보여주는 대표적 일화이다. 긴즈버그는 이 시에서 반 고흐의 귀를 상징으로 하여 예술가의 순수한 열망이 상업적 이익과 정치적 고려에 의해 파괴되는 현실을 비판한다.

2 이 행에서 캔저스주는 미국의 중부 지역을 대표하며, 냉전 시대 과도한 군비 경쟁이 어떻게 미국 본토에까지 영향을 미쳐 평화를 위협하는지 보여준다.

3 로르카(Federico García Lorca, 1898-1936)는 스페인의 시인이자 극작가로, 스페인 내전 당시 프랑코를 지지하는 파시스트들에게 살해되었다. 로르카는 휘트먼을 깊이 존경했으며, 「월트 휘트먼을 위한 송가(Ode to Walt Whitman)」에서 휘트먼을 자유롭고 순수한 영혼이자 진정한 인간성의 상징으로 찬양했다.

4 하트 크레인(Hart Crane, 1899-1932)은 20세기 미국의 대표적 모더니즘 시인이다. 그는 멕시코에서 미국으로 돌아오는 여객선에서 뛰어내려 실종되었고 사체는 영영 발견되지 않았다.

5 치아파스 인디언은 멕시코 남동부 치아파스주에 거주하는 토착 원주민들이다. 이들은 오랜 기간 정치적, 경제적으로 차별받았고 특히 토지 소유 문제와 빈곤으로 고통받았다.

6 탕가니카는 현재 아프리카 탄자니아의 일부이며 오랜 식민 지배와 빈곤, 자원 수탈을 겪었던 곳이다.

7 아인슈타인은 과학자이면서도 정치와 사회 문제에 깊은 관심을 가졌고, 특히 반전(反戰)과 반핵(反核)을 주장하며 세계 평화를 위한 국제 협력을 주장했다. 당대 정치인들은 그의 이러한 입장을 이상적이며 비현실적이라고 비판하였다.

8 버트런드 러셀(Bertrand Russell, 1872-1970)은 영국의 수학자

이자 철학자로 1940년 뉴욕 시립대 교수로 임명되었지만 성적 자유를 옹호하였다는 이유로 교수직 임명이 취소되었고, 이 사건은 당시 많은 지식인들의 반발을 불러일으켰다.
9 할리우드 무성 영화 시기를 대표하는 채플린은 영화 속에서 빈곤과 불평등 같은 사회적 문제를 다루고 권력자들을 풍자하면서 미국 정부의 보수적 입장과 충돌하였고, 1952년 그를 요주의 인물로 지목한 FBI에 의해 급기야 미국에서 추방되었다.
10 「아폴리네르의 무덤에서」 주 9 참고
11 J 에드가 후버(John Edgar Hoover, 1895-1972)는 미국 연방수사국의 초대 국장이자 1924년부터 1972년까지 총 48년간 FBI 국장을 지낸 FBI의 실세였다. 그는 스페인 내전, 2차세계대전, 한국 전쟁, 베트남 전쟁 등에 관여하였고, 미국 내 유명인과 정치인에 대한 약점을 조사하고 이용하여 대통령도 함부로 하지 못하는 막강한 권력을 누렸다.
12 육조 혜능(慧能, 638-713)은 당나라 시대 선종(禪宗)의 육조(六祖)이자 남종선(南宗禪)의 시조이다. 그는 직관적이고도 실천적인 수행과 깨달음을 강조하는 선불교 전통을 수립하여 불교 전반에 큰 영향을 주었다.
13 「카디쉬」 주 28 참고. 기념회 측에선 세 차례에 걸쳐 사코와 반제티 기념물을 보스턴에 기증하려 했지만 시에서 수락하지 않아 실패하였다.
14 「린지에게」 주 1 참고.
15 파운드(Ezra Pound 1885-1972)는 20세기 실험적 모더니즘을 이끈 미국의 시인이자 비평가, 번역가, 편집자이다. 그는 문단의 중심에서 이미지즘(Imagism)과 소용돌이주의(Vorticism)를 주창하고, 여러 모더니스트들의 등단과 창작 활동을 지원했다.
16 크라(Kra)는 말레이 반도와 인도차이나 반도를 연결하는 좁은 지협이고, 푸크티(Pukti)는 인도 자르칸드주 단바드시의 하위구

역 중 하나이다.
17 블로크(Aleksandr Blok, 1880-1921)는 러시아 상징주의를 대표하는 시인이자 극작가로서 역사적이면서도 서정적인 시각을 보여주는 작품들로 유명하다. 아르토는 「아폴리네르의 무덤에서」 주 11 참고.
18 휘트먼은 『풀잎』과 여러 저작들을 통해 미국을 포함한 모든 국가가 권력을 통해 자신을 이상화하고 실제의 삶과 인간의 본질에서 멀어지는 순간 그 허구적 신화에 스스로 속박되는 저주에 빠진다고 경고한다.
19 캠든(Camden)은 휘트먼이 생애 마지막 20년을 보냈던 뉴저지 주의 도시이다. 이 시기 휘트먼은 국내외적으로 유명 인사가 되어 많은 사람이 이곳을 방문하였고, "캠든 성"은 지금은 박물관이 된 휘트먼의 캠든 집을 뜻한다.
20 「카디쉬」 주 46 참고.
21 로마 포럼은 고대 로마의 정치와 경제의 중심지로서, 각종 국가 의식, 공공 연설, 선거 같은 국가 중대 행사가 열렸던 곳이다.
22 "대중의 전기적 꿈의 기계(machinery of a mass electrical dream)"라는 표현은 텔레비전이나 라디오 같은 전자 매체와 테크놀로지가 대중의 욕망과 환상을 부추기면서 소비를 조장하는 거대한 기계로서 작동하는 현실에 대한 비판적 시각을 보여준다.

웃음 가스

1 웃음 가스는 치과 치료나 간단한 의료 처치에서 마취제로 사용되는 아산화질소를 뜻한다. 이 시는 시인이 치과에서 웃음 가스에 취해 초현실적인 환영을 경험하다가 현실이 꿈같이 사라지고 다시 나타나는 순환임을 깨닫는 과정을 유쾌하게 그리고 있다.

2   게리 스나이더(Gary Snyder, 1930-)는 긴즈버그와 비트 세대의 정신과 가치를 공유하는 문학적, 철학적 동지이다. 스나이더는 1953년부터 1956년까지 샌프란시스코 지역의 비트 시인들과 함께 작업하였고, 이후 12년간 일본에 거주하며 선불교를 수행하였다. 긴즈버그는 스나이더의 영향으로 불교를 공부하며 명상과 동양 철학에 매료되었다.

3   천년왕국설(chiliasm)은 예수가 재림하여 지상에서 천 년 동안 다스리며 평화와 정의를 구현하리라는 믿음이다. 이는 성서의 「요한계시록」에서 유래하며, 이상 사회나 유토피아적 미래를 기다리는 신념 체계로 발전했다.

4   우디 우드페커는 1957년부터 1972년까지 텔레비전에서 방영된 만화영화 〈우디 우드페커 쇼(The Woody Woodpecker Show)〉의 주인공이다. 빠르고 독특한 웃음소리의 이 딱따구리 캐릭터는 엉뚱하고 과장된 행동으로 대중들의 사랑을 받았다. 〈루니 툰즈(Looney Tunes)〉는 1930년부터 1969년까지 미국 워너 브라더스(Warner Bros.)에서 제작한 단편 만화영화 시리즈물이다.

5   잭은 긴즈버그와 같이 활동했던 비트 세대의 대표적 작가 케루악(Jack Kerouac)을 가리킨다. 케루악 역시 긴즈버그나 스나이더처럼 불교와 선 사상에 영향을 받았다.

6   「카디쉬」 주 42 참고.

7   차르다쉬(Chardash)는 헝가리 전통 민속춤과 음악 스타일을 뜻한다. 주로 현악기로 연주되며, 느리고 감성적인 부분과 빠르고 경쾌한 부분 간의 대비를 통해 다이내믹하게 전개된다.

8   체셔 고양이는 루이스 캐럴(Lewis Carroll)의 소설 『이상한 나라의 앨리스』에 등장하는 캐릭터로, 사라질 때 몸이 점점 투명해지다가 마지막에 웃는 입만 남는 것으로 유명하다.

9   셔먼 애덤스(Sherman Adams)는 5년간 아이젠하워 대통령의

백악관 비서실장을 역임했다. 애덤스는 1958년 특정 사업가에게 고가의 선물을 받은 것이 발단이 되어 사임하였다.
10 이 대목은 프랭크 시나트라(Frank Sinatra, 1915-1998)의 노래 "P.S. I Love You"의 한 소절을 인용한 것이며, 원래 가사는 "나는 손에 펜 들고 늘 같은 식으로 시작해요(So I take my pen in hand and start the same old way)"이다. 이 노래는 사랑하는 사람에게 편지를 쓰며 사랑을 고백하는 내용을 담고 있다.
11 "필그림 1-0000(Pilgrim 1-0000)"같이 전화번호에 단어와 숫자를 결합하는 방식은 1950년대에서 1960년대까지 미국에서 애용되었다. 1이 시작을 뜻하고 0이 무(無)나 무한을 의미한다는 점에서 신앙의 자유를 찾아 메이플라워호를 타고 최초로 미국에 도착했던 필그림(Pilgrim Fathers)과 1-0000이라는 번호 사이엔 상징적 연관성이 존재한다.
12 「시 로켓」 주 2 참고.
13 네덜란드 세제(Dutch Cleanser)는 미국에서 한때 인기 있었던 가정용 세제 브랜드이며, 세제 상자에는 청소하는 여성의 이미지가 반복해서 그려져 있었다.

메스컬린

1 메스컬린(mescaline)은 다양한 선인장에서 발견되는 자연산 환각성 알칼로이드로서 아메리카 원주민들이 오랫동안 종교의식에 사용해온 환각제이다. 이 시에는 메스칼린에 대한 직접적 언급은 없지만 화자의 혼란스러운 사고나 초월적 질문들이 마치 환각적 경험을 재현한 것처럼 보여서 메스컬린이 시적 사유의 도구나 배경으로 사용되지 않았을까 추정된다.
2 보이토(Arrigo Boito, 1842-1918)는 이탈리아의 작곡가, 시인, 비

평가이며, 오페라 〈메피스토펠레〉가 대표작이다.
3   안티노우스(Antinous, 111-130)는 고대 로마 황제인 하드리아누스의 총애를 받은 그리스 청년이다. 그는 여성적 아름다움을 지닌 청년의 전형으로 수많은 조각과 예술 작품에 등장하였다.
4   베아토 안젤리코(Beato Angelico, 1395-1455)는 이탈리아 르네상스 시기의 화가이자 도미니코회 수사이다. 그는 인간에 대한 관심이나 원근법 같은 새로운 르네상스 예술 원칙을 중세 전통과 결합시킨 예술가로 유명하다.
5   「이그누」주 12 참고.

리세르그산

1   리세르그산(Lysergic Acid)은 맥각 알칼로이드에서 추출된 화합물이며 섭취 시 감각과 지각 변화를 일으키는 강력한 환각 물질이다. 긴즈버그는 1959년 스탠퍼드 대학교 팔로 알토 정신 연구소에서 CIA 자금으로 운용되는 LSD (Lysergic Acid Diethylamide) 실험에 참여하였다. 이 시기 미국에서는 많은 과학자들이 인간의 뇌 작용을 이해하여 정신 건강에 도움을 받고자 각종 약물들을 대대적으로 실험하고 있었다. 긴즈버그는 이때의 인상적인 경험을 바탕으로 1959년 6월 이 시를 썼다. 그는 실험 후 LSD가 일상에서 경험하기 힘든 신비 체험을 안겨주고 인간의 영적 각성에 도움을 줄 수 있다고 했지만, 1966년 『파리 리뷰(The Paris Review)』에서는 이때의 실험으로 몸이 안 좋아졌다는 사실을 고백했다.
2   시킴(Sikkim)은 인도 북동부의 주로서 히말라야산맥에 위치해 티베트, 부탄, 네팔과 국경을 접하고 있다.
3   오우나 아움(O or an Aum)은 힌두교나 불교를 비롯한 많은 영

적 전통에서 태초의 우주의 소리로 간주된다. 이 소리는 몸과 마음, 영혼을 통합시켜 내면의 평화를 촉진시킨다고 믿어져 다양한 종교나 명상에서 활용되어왔다.

마법의 성가

1 성가(psalm)는 주로 신을 찬양하거나 신에게 기도하는 경건한 내용의 노래를 가리킨다. 긴즈버그는 전통적인 성가의 형식을 빌리면서도 이를 재구성하고 확장하여 시인의 내적 갈등이나 욕망, 이 세계의 혼돈과 파괴를 아우르면서 신비와 초월, 영적 깨달음을 노래하는 현대적 성가를 완성한다.
2 이 표현은 크레인(Hart Crane)의 서사시 『다리(The Bridge)』에 자주 등장하는, 타락한 현실을 구원하는 신의 상징인 "불의 손(Hand of Fire)"과 연관된다.
3 "방주의 비둘기(Ark-Dove)"라는 표현은 구약성서 「창세기」에서 유래한다. 「창세기」에는 야훼가 홍수로 인류의 타락을 심판할 때 노아 일가족만이 방주를 만들어 위험을 피했으며, 홍수가 언제 끝나는지 알고자 날려 보낸 비둘기가 올리브 나뭇가지를 물고 돌아와 물이 빠진다는 것을 알게 되고 그 이후 다시 날린 비둘기가 물이 다 말라서 돌아오지 않는 것을 보고 노아 가족이 방주에서 나오게 되었다고 적혀 있다.
4 크렘린(Kremlin)은 러시아의 모스크바 중심에 위치한 크렘린 요새를 지칭하며, 이 시의 배경인 냉전 시대에는 소련의 권력과 공산주의 체제의 상징으로 많이 사용되었다.
5 "터키인의 가슴(Turkish heart)"이란 표현은 보편적 영성의 은유이다. 이는 터키가 역사적으로 동서양이 교차하는 장소로서 수피즘(Sufism) 같은 신비주의 전통으로 유명한 곳이기 때문이다.

응답

1   이 시는 죽음 앞에서 인간이 느끼는 무력감과 공포, 절망, 무상(無常)에 대해 성찰한다.

끝

1   시암(Siam)은 태국의 옛 이름으로 1939년까지 공식적으로 사용되었던 국호이다.
2   하프시코드(harpsichord)는 르네상스부터 바로크 시대까지 서양 음악에서 많이 사용되었던 건반악기이다.

「카디쉬」는 어떻게 탄생하였나

1   이 글은 1966년 미국 음반사인 애틀랜틱 레코드(Atlantic Records)에서 녹음한 「카디쉬」 앨범 겉표지에 시인이 직접 쓴 해설의 일부이다. 이 글은 「카디쉬」의 창작 과정에 대한 가장 믿을 만한 자료로 간주된다.
2   바르미츠바 책(bar-mitzvah book)은 유대 청소년이 13세가 되었을 때 받는 바르미츠바 의식에 대한 안내서이다. 이 책에는 토라(율법)와 하프타라(예언서) 외에도 히브리어 기도문과 축복문, 유대교 전통 등에 관한 설명과 지침이 수록되어 있다.

앨런 긴즈버그 연보

1926년 6월 3일
미국 뉴저지주 뉴어크(Newark)에서 시인이자 교사인 아버지 루이스 긴즈버그(Lewis Ginsburg)와 어머니 나오미 리버그랜트(Naomi Livergrant) 사이에 둘째 아들로 태어났다.

1943년
뉴욕의 컬럼비아 대학교(Columbia University)에 입학하였다. 재학 중 잭 케루악(Jack Kerouac), 윌리엄 버로우즈(William Burroughs), 닐 캐서디(Neal Cassady) 등 비트 세대(Beat Generation) 예술가들과 교류하였다.

1954년
뉴욕에서 샌프란시스코로 이주하여 샌프란시스코 르네상스(San Francisco Renaissance)를 이끄는 예술가들(James Broughton, Robert Duncan, Madeline Gleason, Kenneth Rexroth)과 교류하였다.

1955년 10월 7일
샌프란시스코의 식스 갤러리에서 「울부짖음(Howl)」을 발표하였다. 다수의 예술가들(Jack Kerouac, Gary Snyder, Philip Lamantia, Michael McClure, Philip Whalen)이 참석한 이 낭송회는 비트 세대의 상징적 사건이 되었고, 「울부짖음」 역시 큰 반향을 일으키며 문단의 주목을 받았다.

1956년

최초의 시집, 『울부짖음과 기타 시들(Howl and Other Poems)』을 출판하였다. 출판 전인 6월 9일, 어머니 나오미가 사망하였다.

1957년

「울부짖음」이 외설 시비에 휘말려 음란물 혐의로 기소되었으나 법원에서 무죄 판결을 받았다. 미국을 떠나 프랑스 파리 6구에서 1958년까지 그레고리 코르소(Gregory Corso), 윌리엄 버로우스 같은 비트 예술가 들과 함께 머물며 「카디쉬(Kaddish)」 초고를 썼다.

1961년

『카디쉬와 기타 시들(Kaddish and Other Poems: 1958-1960)』을 출판하였다.

1962년

피터 오를로프스키(Peter Orlovsky)와 함께 1963년까지 인도를 여행하였다.

1967년

힌두교 종교 축제인 멜라(mela)를 모델로 한 "인간 존재를 위한 부족들의 모임(Gathering of the Tribes for a Human Be-In)"을 조직했다. 이는 미국 최초의 반문화 축제였고, 뒤따른 수백 개 유사 행사의 원형이 되었다. 한편 뉴욕에서 열린 베트남전쟁 징병 반대 시위에서 체포되었고, 이후에도 계속해서 반전운동을 이끌어 정부의 감시와 탄압의 대상이 되었다.

1968년

『행성 뉴스(Planet News: 1961-1967)』를 출판하였다.

1968년-1970년

시카고 민주당 전당대회에서 발생한 반전시위와 관련하여 반전운동가 7명이 기소된 "시카고 7인 음모 재판(Chicago Seven Conspiracy Trial)"에서 피고 측을 위해 증언했다. 이 재판은 1970년까지 이어졌고 미국의 정치적 갈등, 반문화 운동, 표현의 자유에 관한 논쟁을 불러일으켰다.

1972년

마이애미에서 열린 공화당 전당대회에서 당시 대통령인 리처드 닉슨에 반대하는 시위에 참여했다가 체포, 구금되었다.

1973년

『미국의 몰락: 이 나라의 시들(The Fall of America: Poems of These States 1965-1971)』을 출판하였고, 다음 해 이 시집으로 전미도서상(National Book Award)을 수상하였다.

1974년

앤 월드먼(Anne Waldman)과 함께 너로파 대학(Naropa University)에서 실험적인 예술 프로그램, "잭 케루악의 비물질적 시학 학교(Jack Kerouac School of Disembodied Poetics)"를 개설하여 젊은 작가와 시인들을 양성하였다.

1978년

『마음의 숨결(Mind Breaths: Poems 1972-1977)』을 출판하였다. 콜로라도의 로키 플랫츠 핵무기 공장에서 나오는 방사성 폐기물 열차를 멈추기 위해 철로 위에 앉아 있다가 체포되었다.

1979년

전미 예술가 협회(National Arts Club)에서 금메달을 수상하였다.

1981년

『지하 세계의 송가와 기타 시들(Plutonian Ode and Other Poems : 1977-1980)』을 출판하였다.

1986년

『흰 수의(White Shroud: Poems 1980-1985)』를 출판하였다.

1993년

프랑스 정부가 예술과 문학에 기여한 인물에게 수여하는 슈발리에 훈장(Chevalier des Arts et des Lettres)을 받았다. 컬럼비아 대학에서 존 제이 상(John Jay Award)을 수상하였다.

1994년

『세계시민의 인사(Cosmopolitan Greetings: Poems 1986-1992)』를 출판하였다.

1997년 4월 5일

뉴욕 맨해튼 이스트 빌리지 자택에서 70세에 간암으로 사망하였다. 유해는 뉴어크 가족 묘지에 안장되었다.

2000년

말년의 시를 모은 『죽음과 명성(Death & Fame: Last Poems 1993-1997)』이 출판되었다.

옮긴이 작품 해설
광기와 초월의 시인, 긴즈버그

미국 현대 시인 중에서 앨런 긴즈버그(Allen Ginsberg)만큼 대중적 인지도와 문화적 영향력, 시대적 상징성을 두루 겸비한 시인은 찾아보기 힘들다. 그는 1950년대 미국의 비트 세대(Beat Generation)의 상징이자 선구자로서, 잭 케루악(Jack Kerouac), 윌리엄 버로우즈(William Burroughs) 등과 함께 현대 미국 문학의 새로운 장을 열었다. 그는 독창적 시 형식과 과감하고도 자유로운 주제, 실험적 언어를 통해 20세기 후반 미국시에 새로운 표현과 활기를 부여했으며 1960년대 반문화 운동과 히피 문화에 지대한 영향을 미쳤다. 그의 시는 한 개인의 진실한 고백이자 사회와 시대에 대한 예리한 저항이며 동시에 초월적이면서도 계시적인 예언이기도 하다. 미국 사회의 억압과 모순에 대한 그의 날카로운 비판은 인권, 환경, 반전 문제 등 진보적 의제에 전방위적으로 걸쳐 있고, 그의 예언자적 언어 역시 유대교 전통에서부터 선불교에 이르기까지 인류의 영적 자산을 광범위하게 아우른다. 긴즈버그의 철저한 현실 인식은 항상 계시적 비전과 연결이 되는데, 이는 그가 개인과 집단, 시대의 문제들을 진단하고 적극적으로 개입하여 극복하는 과정이 시적 초월을 통해 이뤄지기 때문이다.

긴즈버그의 시는 우선 1950년대 중반에서 1960년대까지 미국의 정치적 지형을 적극적으로 반영하며 시작한다. 이 시기 많은 미국 시인은 시를 정치적 억압에 대항하는 장으로 바라보았는데, 로버트 로웰(Robert Lowell), 에이드리언 리치(Adrienne Rich), W.S. 머윈(W.S. Merwin), 로버트 블라이(Robert Bly), 드니즈 레버토프(Denise Levertov), 아미리 바라카(Amiri Baraka) 등이 그 대표적 예이다. 긴즈버그와 이 시기 시인들은 운율이나 압운을 지키는 형식적이고도 이성적인 시에 반기를 들면서 즉흥적이고 친근하며 정서적이고도 비이성적인 시를 시도한다. 이들은 형식주의와 이성적 질서를 무의식과 인간 본성에 대한 억압이자 구시대 권위적 문화의 산물로서 정치적, 국가적 억압의 또 다른 양상으로 해석하였고, 이성이야말로 인간을 대상화시키고 통제하며 기술적 효율성을 맹목적으로 추종하도록 만드는 기능이자 미국의 군산복합체 권력을 정당화하는 도구로 보았다. 이들은 비인간적 관료주의와 차가운 이성에 의해 조작되는 거대 제국인 미국을 소련과 다름없는 전체주의 사회로 인식하였고, 흑인 인권운동과 함께 1960년대 본격화된 베트남 전쟁을 통해 정치적 모순이 단순히 피억압자뿐만 아니라 사회 구성원 모두의 삶을 억압하고 있음을 자각하게 된다. 이들은 또한 미국에서의 자유란 사실상 매우 제한된 자유이며, 대다수 미국인은 정부의 권력과 상업주의에 편승한 언론에 의해 길들여지고 순응하면서 자신의 고유한 내적 차원을 박탈당하고 있다고 보았다. 이러한 상황에서 시인들은 인간의 감정을 통해 소외와 분열을 치유하고 자아의 회복과 재통합을 시도하며 언어의 정서적 효과를 정치적 잠재력으로 전화시키려 하였다. 따라서 이 시기에 감정에 충실한 자기 고백적이며 반이성적인 시들이 등장한 것은 자연스러운 결과이며, 그중에서도 긴즈버그는 개인의 정서적 토로와 정치성, 예언적 비전을 합치시켜 가장 사적이면서도 공적인, 가장 현실적이면서도 비전에 찬 언어를 구사한 대표적 예라 할 수 있다.

긴즈버그는 1959년, 「미국 독립 기념일 선언문(Independence Day Manifesto)」이란 글에서 미국이 폭력적인 국가기구, 관료주의, 비인간적인 과학기술로 인해 병들었으며, 시인은 이 병든 집단의식 속을 파고들어가 틈을 만들어 권력과 제도에 의해 차단되거나 망각된 인간의 신적 본성을 회복시켜야 한다고 말한다. 그는 공적 영역과 개인의 의식 양자에 침투해 있는 편재적 허위의식을 뚫고 들어가기 위해 '광기'를 선택하는데, 이는 그의 표현대로 "거대한 국가적 무의식"에 균열을 내어 "새로운 무언가"를 보게 만드는 수단이다. 그에게서 광기는 개인적 고백을 급진적인 정치성과 연결시키고 사적인 체험을 보편적 가치로 발전시키며 이데올로기로서의 언어를 계시의 언어로 전화시키는 중요한 기제이다. 파스(Ekbert Fass)는 긴즈버그의 시가 "숨겨진 신성"을 찾기 위한 "광적이면서도 자기 파괴적인 탐구"라고 말하는데, 이는 긴즈버그의 개인적 고백과 사회비판, 초월적 계시가 자신마저도 해체하는 격렬하고도 치열한 과정과 함께하고 있음을 시사한다. 그리고 이 광기에 찬 여정의 시작에는 그의 어머니 나오미(Naomi)가 자리잡고 있다.

긴즈버그의 어머니 나오미 리버그랜트(Naomi Livergrant)는 1894년, 러시아의 네벨(Nevel)이라는 작은 마을에서 태어났다. 네벨은 러시아 서부 지역에 위치하며, 공식적으로 허락받은 유태인 거주지이자 공산주의 이데올로기가 지배하던 곳이었다. 1904년 러일전쟁이 일어나자 나오미의 아버지는 징집을 피해 미국으로 이민을 가게 되고, 뉴욕을 거쳐 뉴저지주 뉴어크에 정착한다. 나오미는 성인이 되어 교사로 잠시 일하다가 고교 시절 사귀게 된 루이스 긴즈버그(Louis Ginsburg)와 결혼하여 두 아들을 낳는데, 둘째가 바로 앨런 긴즈버그이다. 결혼 초부터 나타났던 나오미의 정신이상 증세는 결혼 10년 차이던 1929년부터 본격화되어 긴즈버그의 유년 시절과 청소년 시절을 지배하게 된다. 그는 어린 시절 주기적으로 어머니의 정신쇠약과 자살 시도, 극단의 망상과 폭력성, 강제 입원과 격리를 경험했으며, 이 고통스러운 경험은 역설적이게도 긴즈버그가 광기를 통해 초월을 꿈꾸는 예언자적 시인으로 성장하는 밑거름이 된다. 셔피로(Harvey Shapiro)의 표현대로 "영문학사에 있어 가장 기이한 뮤즈"가 등장하는 걸작 「카디쉬(Kaddish)」는 그의 이러한 성장 드라마를 적나라하게 보여주는 작품이자 긴즈버그 시학의 핵심을 담고 있는 텍스트이다.

「카디쉬」에서 긴즈버그는 그의 전작(前作) 「울부짖음(Howl)」에서처럼 사회적·역사적·정치적 사안들을 본격적으로 다루기보다는 자신의 가족사에 집중한다. 긴즈버그의 어머니는 젊은 시절 공산당원이었고 미국 정치체계에 대해 비판적이었으며 죽을 때까지 반체제적 입장을 견지하였다. 그녀는 미쳤을 때조차도 "히틀러, 할머니, 허스트, 자본가들, 프랑코, 데일리 뉴스, 1920년대, 무솔리니, 살아 있되 죽은 자들"이 자기를 상대로 "우주적 금융 살해 음모"를 꾸미고 있다고 생각했고 끊임없이 독이나 세균 등 다양한 형태의 살해를 상상하며 두려워하였다. 시인은 「카디쉬」에서 어머니의 과격한 정치성이 의학적 정신병으로 전화되는 과정을 솔직하게 묘사하고, 자신이 경험한 갈등과 상처들을 과장하거나 이상화하지 않고 있는 그대로 드러낸다. 어머니의 광기는 시적 비전이나 정치적 계시로 손쉽게 미화되지 않으며, 이를 감당해야 하는 가족 모두에게 회피하고 싶은 고통의 현실로 나타난다.

「카디쉬」에는 어린 긴즈버그가 어머니를 모시고 요양원으로 갔다가 그녀의 광기를 감당할 수 없어 그녀를 놔두고 홀로 집에 돌아와 죄의식과 불안으로 괴로워하는 일화가 나온다. 어린 긴즈버그는 방에서 혼자 떨면서 어머니가 무사하기를, 또 한편으론 어머니가 사라지기를 바라는 이중적 감정 속에 고통받는데, 이러한 애정과 반감이 교차하는 시각은 어머니가 발작을 일으키거나 헛소리를 할 때, 배설을 하거나 악취 나는 음식을 만들 때, 자신의 나체를 아들에게 보이거나 폭력적으로 변하는 온갖 광기의 사건마다 지속적으로 드러난다. 미쳐버린 나오미는 긴즈버그의 어린 시절부터 청년기까지 견딜 수 없는 고통의 원인이자 다시 돌아가 위로하고픈 가슴 아픈 집착의 대상이었다. 그가 많은 사람들의 고통에 동참하고 함께 아파하면서 이들을 억압하는 시대의 실곡과 부조리에 분노할 수 있었던 것도 사실은 어머니의 광기라는 결정적 체험에서 우러난 것이라 볼 수 있다. 긴즈버그는 여러 차례 자신의 사회비판이 고통받는 인간들에 대한 연민으로부터 출발하며 자신의 시는 소외된 존재들을 연민으로 지켜보면서 그들의 광기마저 껴안는 사랑의 실천이라는 점을 밝힌다. 이런 점에서 「카디쉬」는 시인의 연민이 어디에서 출발하는지를 보여주는 텍스트이자 자신의 아픈 과거의 상처를 일깨우면서 어머니의 광기를 이해하고 용서하려는 집요한 화해의 시도라고 볼 수 있다. 긴즈버그는 여러 치료 요법으로 만신창이가 된 어머니의 몸과 살해 음모나 "불가사의한 자본주의"의 환각으로 고통받은 그녀의 마음에 죽어서나마 평화가 깃들기를 기원한다. 「카디쉬」에서의 그의 고백은 어머니와 자신을 화해시키고, 더 나아가 시인과 이 세상을 화해시킨다. 애도와 기도의 형식인 '카디쉬'를 통해 시인은 충격과 상처를 끌어안고 그 속에서 초월을 찾으려 하며, 그 과정에서 광기가 비롯된 사회나 정치, 역사에 대해 울부짖되, 이 울부짖음은 궁극적으로 자신과 고통받는 대상, 그리고 공동체 전체의 회복을 불러들이는 예언적 비전으로 발전한다.

「카디쉬」를 예언적 시로 바라볼 때, 우리는 이 시에 나타난 비전이 어떤 것인지 질문하게 된다. '카디쉬'가 죽음을 애도하고 신에 대한 믿음을 고백하는 유대교의 기도이기에 이 시를 긴즈버그가 전통 종교로 귀의한 증거로 해석하는 평론가들도 있지만 실제로 그는 유대교 유일신의 절대적 의미를 해체하는 반전통적 입장에 서 있다. 긴즈버그는 여호와를 "이름 없는, 하나의 얼굴, 영원히 나를 넘어선, 시작도 없고, 끝도 없는, 죽음 속의 아버지"이자 "무(無) 속에서 축복받는 유일한 존재"라고 부르는데, 이는 유대교의 유일신을 불교의 공(空), 즉 스스로 자신의 존재를 비우는 실체 없는 정체성으로 정의함을 의미한다. 그는 또한 신을 "하늘나라(Heaven)"라고도 부르는데, 이는 "빛도 어둠도 아닌, 나날이 없는 영원", 즉 불교적 열반과 유사한 상태로 묘사된다. 이렇듯 긴즈버그는 서구의 로고스를 불교의 무신론과 겹쳐놓음으로써 성서의 유일신이라는 예언자적 권위의 근거마저 해체한다. 그의 이런 입장은 어머니가 죽은 후 "새롭고도 낯선 예언"이라고 소개하는 나오미의 편지를 통해 구체적으로 드러난다.

열쇠가 창문에 있어, 열쇠는 창문 햇빛 속에 있어— 내가 열쇠를 가지고 있어— 결혼해 앨런 약물 하지 말고— 열쇠는 창살에 있어, 창문에 햇빛 속에.

시인이 말하는 새로운 예언이란 열쇠가 있다는 단순한 문장이 여러 차례 변주되는 것을 일컫는데, 반복적인 구조에도 불구하고 여기에서 열쇠가 무엇을 의미하는지, 또 열쇠가 창문이나 햇빛, 창살 중 어디에 있는지, 과연 열쇠가 있기나 한 것인지 모든 것이 애매하기만 하며 나오미가 이 편지를 온전한 정신으로 썼는지의 여부도 상당히 모호하다. 편지에는 아들에 대한 어머니의 진심 어린 애정과 염려가 남겨 있는 것은 사실이지만 문장 대부분이 어떤 의미도 고정되지 않은 채 끊임없이 부유하면서 모호성과 다의성을 증가시킬 뿐이다. 이렇듯 긴즈버그가 말하는 새로운 예언이란 언어로 쉽사리 포섭되거나 본질적 가치로 환원되지 않는 성질의 것이며, 이는 시의 마지막 부분을 통해서도 잘 드러난다.

까악 까악 모든 세월 나의 탄생 하나의 꿈 까악 까악 뉴욕 버스 망가진 신발 커다란 고등학교 까악 까악 주님의 모든 비전이여
주여 주여 주여 까악 까악 까악 주여 주여 주여 까악 까악 까악 주여

여기에서 "주님"은 나오미 무덤 위로 날아가는 까마귀의 울음이나 창가의 햇빛과 동등한 가치로 처리되며, 다른 현상계의 구성 요소처럼 하나의 '소리'가 되어 절대적 의미가 비워진 자리를 채운다. "주님"이나 "까마귀"는 바로 이 '텅

빈 충만'이라는 역설을 드러내는 기호들이며, 어느 것도 부정되지 않지만 동시에 어느 것도 본질적 권위를 주장할 수 없는 열려 있는 진리의 속성을 보여준다. 이렇듯 초월성과 내재성이 교차되는 비전이야말로 긴즈버그의 시가 지향하는 지점이면서 모든 것을 부정하면서 항상 새로이 시작할 수 있는 급진적 운동성의 원천이기도 하다.

마지막으로 긴즈버그의 시적 성취를 얘기할 때 빼놓을 수 없는 그의 독특한 언어 사용에 대해 언급하지 않을 수 없다. 긴즈버그는 휘트먼(Walt Whitman)의 영향으로 자유롭고도 긴 행으로 이뤄진 목록 기법(catalogue technique)을 구사하는데, 얼핏 장황한 산문처럼 보일 수 있는 시행을 생기 있게 만들어주는 것은 에너지를 불러일으키고 전달하는 그의 개성 있는 언어이다. 그는 의도적으로 소리의 충돌을 일으켜서 에너지가 부딪쳐 폭발하는 효과를 만들어내는데, 이는 영어의 유성음과 무성음, 혹은 유음과 마찰음같이 연속해서 발음하기 힘든 소리들을 묶어놓음으로써 가능해진다. 독자들은 시행을 읽다가 불가피하게 멈춰서 숨을 고를 수밖에 없는데, "발화-숨-사고(one speech-breath-thought)"라 일컫는 이와 같은 언어 사용은 발화와 숨과 생각을 함께 묶어 언어, 몸, 의식을 역동적 움직임 속에 동시에 전개하는 방식이다. 이를 통해 우리의 이성이 습관적으로 나눠놓는 언어적 요소들이 새로운 단위로 묶이게 되고, 일상의 구문과 문법, 구두법을 탈선한 시행은 특정한 논리 없이도 자유롭게 전진하게 된다. 기존의 언어 질서에서 해방된 소리들의 밀도 높은 마찰과 부딪힘이 긴즈버그 특유의 사실적이면서도 초현실적인 이미지와 결합될 때 독특하면서도 강렬한 에너지가 만들어지며, 그 에너지는 호흡과 함께 자연스럽게 독자에게로 이관되는 것이다. 이러한 언어의 효과는 단적으로 긴즈버그가 성취한 대중성을 통해 드러나는데, 그가 1950년대와 1960년대의 정치적 행동주의에서 1970년대 영성주의까지 독자의 인장와 변화를 주도했다거나, 그의 인기가 수그러들던 1985년에만도 315,000부의 시집이 팔릴 정도로 지속적인 대중적 인기와 인지도를 유지했다는 점 등은 그의 언어가 지닌 놀라운 대중적 호소력을 입증한다.

시집 『카디쉬』에는 대표시 「카디쉬」 외에도 긴즈버그의 넓은 스펙트럼을 보여주는 다양한 시들이 존재한다. 「카디쉬」처럼 가까운 이들에 대한 사랑과 기억을 담은 「메시지」, 「로즈 고모에게」, 「린지에게」 같은 시뿐만 아니라 냉전 시대 우주개발을 배경으로 하는 「시 로켓」, 지구상의 갈등과 전쟁, 정치적 혼란, 기계문명 속의 소외를 다루는 「유럽! 유럽!」, 상업적 이익과 정치적 고려가 예술가의 열망을 파괴하는 현실을 그리는 「반 고흐 귀에 죽음을」 등 그의 예리한 현실감각과 비판 의식을 보여주는 시들이 바로 그것이다. 또한 순수하고 자유로운 예술적 영혼을 묘사하는 「이그누」나 유명 예술가들의 삶과 죽음, 예술의 불멸성을 성찰하는 「아폴리네르의 무덤에서」 같은 시들이 인간의 고뇌와 절망, 무력감과 공포, 죽음과 무상(無常)을 다루는 「메스컬린」이나

「응답」과 나란히 위치한다. 긴즈버그는 「진짜 사자」나 「마법의 성가」에서 내면의 강력한 힘이나 갈등, 굶주린 욕망, 혼돈과 파괴의 세계를 신성과 초월, 영적 깨달음과 함께 노래하며, 이는 「웃음 가스」, 「리세르그산」처럼 초현실적인 환영이나 비전의 체험으로 나타나거나 「끝」에서와 같이 생명의 연속성과 영원성에 대한 성찰로 발전하기도 한다. 이 다양한 시들은 긴즈버그를 이해하기 위해선 단순한 고백시나 피상적 정치시로 보는 일면적 해석을 지양하고, 내밀한 사적 고백과 치열한 현실 인식, 그리고 예언적 목소리를 전체적으로 조망하는 시각이 필요하다는 것을 알려준다.

긴즈버그에게서 비전은 철저한 현실 인식에서 출발하며 한 개인과 집단, 시대의 문제들을 진단하고 적극적으로 개입하여 치유하고 회복시키는 과정에서 성취된다. 그는 순응의 시대의 편재적 모순과 허위의식에 맞서는 과정에서 광기라는 극단적이고도 강렬한 내용을 선택하며, 이는 그의 가족 체험에서 출발하여 시대의 진단으로 이어지는 구체적이면서도 광범위한 지시 내용을 지닌다. 긴즈버그의 시는 언어가 얼마나 역동적으로 전체 세계를 아우를 수 있는지 보여주며, 그러하기에 언어를 살리는 것이야말로 시대를 살리는 길이라는 자명한 진리를 일깨우는 가장 호소력 있는 작품 중 하나로서 우리에게 남는다.

옮긴이의 말

2010년 초겨울, 나는 홀연히 샌프란시스코로 향했다. 비트 세대에 대한 향수를 안고 긴즈버그의 자취를 더듬어보고 싶어서였다. 눈부시게 아름다웠던 도시. 그러나 그 반듯하게 정리된 21세기 도시에서 반세기 전 자유와 저항, 실험정신으로 넘실대던 샌프란시스코의 풍경을 찾는 건 쉽지 않았다. 얼마를 배회했을까. 무심코 들른 책방과 캠퍼스, 거리 모퉁이에서 나는 우연히도 긴즈버그의 독자들을 만나게 되었다. 버클리를 가득 메운 군중과 함께 긴즈버그를 따라 침묵 속에서 명상하던 기억을 황홀하게 나누던 베스, 긴즈버그에게서 성(性)과 사랑이 얼마나 소중하고 정당한 것인지 배웠다며 애틋하게 그를 기억하던 프레드, 항상 꽃과 시를 들고 반전운동에 참가했던 일화와 함께 오랜 시간 품고 다닌 낡고 헤진 『울부짖음』 초판본을 선물해주던 모니카, 그들의 이야기를 들으며 나는 긴즈버그야말로 그들의 다정한 벗이자 빛나던 시절이자 한 시대의 삶과 가치, 사랑과 투쟁을 담고 있는 참으로 거대한 서사라는 걸 깨달았다.

샌프란시스코에서 돌아온 후 15년이 흘렀다. 『카디쉬』를 번역하며 계절이 지나고 해가 바뀌는 동안, 우리 땅에는 내란이 일고 파시즘의 망령이 고개를 들었다. 두려움과 불안 속에서 대한민국의 밤은 편치 않았다. 시대와 현실 앞에서 언어가 무력해지고 길을 잃을 때 우리는 과연 어디를 바라봐야 하는가. 나는 이 위기의 시간에 긴즈버그에게서 예상치 못한 위로를 받았다. 그가 말과 삶을, 의식과 실천을 일치시키며 언어의 가능성을 당당히 펼쳐내는 모습 자체가 언어를 새롭게 붙들고 나가도록 북돋아주는 힘찬 긍정의 기호였기 때문이다. 광기와 예지로 가득한 그의 생동하는 언어를, 사랑과 칼날의 언어를 마주하면서 나는 여러 번 긴즈버그를 우리의 말과 의식에 접붙일 수 있음에 감사했다. 그리고 번역이 끝난 이 시점에서 그의 치열한 저항과 해체와 창조의 몸부림이 아픈 우리의 공동체에 위로가 되고 희망이 되고 우리가 지금보다 더 나은 내일을 꿈꾸고 나갈 수 있는 자양분이 되어주길 소망한다.

긴즈버그에게 그러했듯 나에게도 어머니는 아프고도 절실하며 항상 손 내밀고 싶은 존재이다. 온전한 정신으로 살기 힘들었던 분단과 전쟁, 폭력의 한반도에서 누구보다 용기 있게 고통의 삶을 이겨낸 어머니 조명희 여사에게 이 책을 빌려 깊은 존경을 바친다. 그리고 크레인의 『다리』에 이어 긴즈버그까지 긴 여정을 함께한 미행 출판사 식구들에게 감사를 전한다. 마지막으로 우리 시대의 많은 숙제를 함께 껴안고 고민하며 끝까지 동행할 나의 친구들, 소중하고도 귀한 사람들 모두에게 큰 사랑을 보낸다.

2025년 3월
못골에서

미행에서 만든 책들

1	소설	마르셀 프루스트	최미경	쾌락과 나날
2	시	조르주 바타유	권지현	아르캉젤리크
3	소설	유리 올레샤	김성일	리옴빠
4	시	윌리스 스티븐스	정하연	하모니엄
5	소설	나카지마 아쓰시	박은정	빛과 바람과 꿈
6	시	요제프 어틸러	진경애	너무 아프다
7	시	플로르벨라 이스팡카	김지은	누구의 것도 아닌 나
8	소설	카트린 퀴세	권지현	데이비드 호크니의 인생
9	르포	스티그 다게르만	이유진	독일의 가을
10	동화	거트루드 스타인	신혜빈	세상은 둥글다
11	산문	미시마 유키오	강방화·손정임	문장독본
12	소설	마르셀 프루스트	최미경	익명의 발신인
13	시	E. E. 커밍스	송혜리	내 심장이 항상 열려 있기를
14	시	E. E. 커밍스	송혜리	세상이 더 푸르러진다면
15	산문	데라야마 슈지	손정임	가출 예찬
16	칼럼	에릭 사티	박윤신	사티 에릭 사티
17	산문	뤽 다르덴	조은미	인간의 일에 대하여
18	르포	존 스타인벡·로버트 카파	허승철	러시아 저널
19	소설	윌리엄 포크너	신혜빈	나이츠 갬빗
20	산문	미시마 유키오	손정임·강방화	소설독본
21	소설	조르주 로덴바흐	임민지	죽음의 도시 브뤼주
22	시	프랭크 오하라	송혜리	점심 시집
23	산문	브론테 자매	김자영·이수진	벨기에 에세이
24	소설	뱅자맹 콩스탕	이수진	아돌프 / 세실
25	산문	안드레이 플라토노프	윤영순	전쟁 산문
26	소설	안토니 포고렐스키 외	김경준	난 지금 잠에서 깼다
27	소설	모리 오가이	전양주	청년
28	소설	알베르틴 사라쟁	이수진	복사뼈
29	산문	페르난두 페소아	김지은	이명의 탄생
30	산문	가타야마 히로코	손정임	등화절

31	산문	고바야시 히데오	유은경·이재창	비평가의 책 읽기
32	소설	조르주 바타유	유기환	마담 에드와르다 / 나의 어머니 / 시체
33	시론	라헬 베스팔로프	이세진	일리아스에 대하여
34	시	하트 크레인	손혜숙	다리
35	산문	다니자키 준이치로	이한정	문장독본
36	소설	로제 마르탱 뒤 가르	정지영	티보가 사람들(전 11권)
37	시	앨런 긴즈버그	손혜숙	카디쉬

한국 문학

| 1 | 시 | 김성호 | 로로 |
| 2 | 시 | 유기환 | 당신이 꽃 옆에 서기 전에는 |

앨런 긴즈버그(Allen Ginsberg, 1926-1997)는 미국 뉴저지주 뉴어크에서 시인이자 교사인 아버지 루이스 긴즈버그와 어머니 나오미 리버그랜트 사이에 둘째 아들로 태어났다. 그는 1940년대에 컬럼비아 대학교를 다니며 비트 세대 예술가들과 교류하였고, 1950년대에는 샌프란시스코로 이주하여 샌프란시스코 르네상스 운동에 참여하였다. 1956년 출판된 그의 첫 시집 『울부짖음과 기타 시들』은 검열과 법적 제재에도 불구하고 20세기에 가장 널리 읽힌 작품 중 하나로서 전 세계 20여 개 이상의 언어로 번역되었다. 사적 고백과 정치적 메시지를 결합한 새로운 형태의 시를 선보인 후 긴즈버그는 비트 운동, 히피 문화의 상징이 되었고, 『카디쉬와 기타 시들』을 비롯 다양한 작품들을 선보이며 2차 세계대전 이후 미국시의 흐름을 주도하였다. 고백적이면서 저항적이고 재미와 깊이를 함께 갖춘 긴즈버그의 시는 30년 이상 대중을 사로잡았고, 그는 유명 시인이자 문화계 인사로서 비틀즈나 롤링 스톤즈, 밥 딜런 등과 함께 시와 대중문화 간 적극적 교류를 시도하였다. 그는 신비주의자로서 불교나 동양 철학에 많은 관심을 가지면서도 반전운동이나 억압받는 소수자들을 위한 민권운동 등 다양한 정치, 사회, 문화 운동의 중심에 서 있었던 실천적 예술가였다. 그는 시집 『미국의 몰락: 이 나라의 시들』로 1974년 전미도서상을 수상하였고, 1993년엔 프랑스 정부가 예술과 문학에 기여한 인물에게 수여하는 슈발리에 훈장을 받았다. 긴즈버그는 1997년, 뉴욕 맨해튼 자택에서 70세에 간암으로 사망하였다.

옮긴이 손혜숙은 서울대학교 영어영문학과를 졸업하고 미국 매사추세츠 대학에서 박사학위를 받았다. 현재 성균관대학교 영어영문학과 교수로 재직 중이며 미국시를 폭넓게 연구·번역하고 있다. 지은 책으로는 *Alterity and the Lyric: Heidegger, Levinas, and Emily Dickinson*(타자성과 서정성: 하이데거, 레비나스, 그리고 에밀리 디킨슨), *Literature and Spirituality in the English-speaking World*(영어권 세계의 문학과 영성) 등이 있고, 옮긴 책으로는 『가지 않은 길—미국 대표시선』, 『바디』, 『다리』 등이 있다.

카디쉬

앨런 긴즈버그
손혜숙 옮김·해제

초판 1쇄 발행 2025년 12월 5일

펴낸곳 미행
출판등록 제2020-000047호
전화 070-4045-7249
메일 mihaenghouse@gmail.com
인쇄 제책 영신사

ISBN 979-11-92004-43-3 03840

Kaddish and Other Poems

Copyright © 1961, Allen Ginsberg
Photographs © Courtesy of Allen Ginsberg Trust
Korean Translation © 2025, Mihaeng House

All rights reserved.

This Korean edition was published by Mihaeng House by arrangement with Allen Ginsberg, LLC c/o Wylie Agency, The, Ltd. through KCC(Korea Copyright Center Inc.), Seoul.

이 책은 (주)한국저작권센터(KCC)를 통한 저작권자와의 독점계약으로 미행에서 출간되었습니다. 저작권법에 의해 한국 내에서 보호를 받는 저작물이므로 무단전재와 복제를 금합니다.

very, power maddened, Made no Utopia,
Blazed in Earth, Established in love, Jehovah

aged, Forever, Beyond Me, —— Beginning-
less Father ~~Death~~ .. ~~I~~ I am not the for
ever-married, I'm beginningless, I'm heaven-
I ~~will~~ still will adore.
                ^
after Death, only one Blessed in-
fant not darkness, Dayless Eternity,
is Psalm, from Me, burst from my
Some of my Time, now given
praise thee — But Death.
d, The redemption from Wilderness,
deer, Kingdom of All Kings, 4 per
ach Handkerchief washed Clean by
beyond Psalm — Last Change of Mine
God's perfect Darkness — Death, Stay
ay the (Phantoms)

In the ~~so~~ mould given, flower maddened
ut ~~underbirth~~ under birch, ~~Silvered~~ in Earth, Enab&
cept. ~~bible~~

Voiceless, one Faced, Forever~~s~~, Beyo
rst without end, Father ~~Death~~ ~~Faith~~.. ~~Th~~
                        tho
prophecy, ~~t~~ still unmarried, I'm be
                                  will
lless in blesshood, ~~was~~ still ado^r

Thee, Heaven, after Death, o^r
thingness, not light nor darkness, t
Take this, this psalm, from me
end in a day, Some of my Time
o Nothing — to praise thee — Bu
This is the end, the redemption
ay for the wonder, Kingdom of
sought ~~Hostel~~, Each Handkerchief
veeping — Page beyond Psalm — La
      Naomi — TO God's perfect Darkn

...latory, pancreas, belly or
stetches of incisions pulling down in t
...ich Zippers — her Cunt aware, ha...
...hett, even, smell of asshole? —)...
a little, not much — seemed perha...
...know the Monster of the Beginning...
Would she Care? She needs a lov...

ysh-tat-bach — v'yus Ro-a — v'y...
...us had dor, v'yus al-leh, v'yis-h...
b'rech hu.
...eshy himself in Paterson giving apartmen...
love again — but scared & shy & burt w...
...dealism —

...me, once, after longtime in N.Y., he'...
...is wof of Naomi — sitting in t...

...lotions, appedex, stetchery of in
...at like hideous thick zippers
...etween her legs — whett, even, s
...ld — later revolted a little, not
...good idea to try it — know the d...
...erhaps'— that way — Would she (

         Y'isborach, v'yish-tal-bach.
'yes was shh — v'yus had dor, v'
'nelh d'kud-sho, b'rech hu.

        and Louis Reestableshing himself in
with Edith, falling in love again —
10 years mad Naomi's decision —

        So when I go home, once, afte
rnely— aunt tells me his wol of V a
bedroom, me on bed, he at desk ch...